COLONNE EXPÉDITIONNAIRE

DANS LE HAUT-DAHOMEY,

PAR

LE Dr BARTET,

MÉDECIN DE DEUXIÈME CLASSE.

(Extrait des *Archives de médecine navale*, juillet, août et septembre 1898.)

OBJET DE LA MISSION.

Le 17 mars 1897, arrivait à Cotonou par le paquebot *Thibet* la 8e compagnie de tirailleurs sénégalais destinée à opérer dans le Haut-Dahomey, à y fonder primitivement trois postes : Kouandé dans le Borgou, Konkobiri et Kodjar dans le Gourma, postes situés au-dessus du 9e degré; à relier la mission du capitaine Baud et du lieutenant Vermeersch, qui opérait dans le Gourma, à celle du lieutenant de vaisseau Bretonnet, qui fondait des postes sur le Niger, et à assurer à la France la possession de tout l'« hinterland » dahoméen ardemment désiré.

COMPOSITION DE LA COMPAGNIE.

La 8e compagnie de tirailleurs sénégalais comptait, à son débarquement, un effectif de 142 hommes. Elle était commandée par le capitaine Ganier, de l'infanterie de marine et par deux sous-lieutenants, MM. Drot et Aymès. Elle possédait aussi un sous-lieutenant indigène. Les sous-officiers européens étaient au nombre de 8. Les cadres indigènes et les tirailleurs atteignaient le chiffre de 124. Il y avait en outre 2 clairons européens.

Aucun médecin ne lui avait été adjoint par le cadre du Sénégal. Désireux de monter dans le Nord, dans ce sens j'adressai de Ouidah où j'étais en service une demande qui fut bien accueillie. J'arrivai à Cotonou, où le docteur Piron, médecin en chef de l'ambulance, avait déjà vacciné la compagnie entière. Je me soumis aussi à cette petite opération. Le vaccin provenait de l'institut de Lille. Malgré le soin avec lequel fut faite la vaccination, je ne constatai, à aucun moment, trace d'un bouton quelconque. L'insuccès fut complet.

La compagnie embarquée à Konakry provenait du Fouta Djallon, où elle avait fait campagne. Le cadre avait subi des changements. Les officiers, deux sous-officiers provenaient du Sénégal, ainsi qu'une quarantaine de jeunes soldats.

Nous laissâmes à Cotonou 1 sergent européen, les 2 clairons blancs et 1 tirailleur malade. 25 hommes étaient déjà partis pour accompagner jusqu'à Djougou un convoi de 400 porteurs qui montaient à ce poste un nombre égal de colis nécessaires à la mission.

Nous quittâmes Kotonou au nombre de 114, le 26 mars, afin d'aller chercher à Porto-Novo bagages et porteurs qui y étaient rassemblés.

RECRUTEMENT DES PORTEURS.

Ces auxiliaires indispensables de toute mission en colonne au Dahomey, où les animaux de bât n'existent point dans les régions basses, proviennent de la côte. Les uns sont fournis par Porto-Novo et ses environs, les autres se recrutent par les soins des fonctionnaires à Whydah, Alladah et dans le cercle d'Abomey. Enfin celui de Zagnanado en fournit un assez bon nombre, qui proviennent d'Agony et des villages voisins.

Malheureusement, les missions se succédant assez nombreuses depuis la conquête, les habitants de ces contrées ont considéré ces levées comme des impôts et cherchent à s'y soustraire le plus possible, généralement par la fuite. Aussi les chefs indigènes, pour répondre aux demandes qu'on leur adresse, ramassent-ils tous les gens qu'ils trouvent sans se préoccuper de la force physique, de l'âge ou de la maladie et les envoient à Porto-Novo, où sont réunis les approvisionnements des missions. L'époque à laquelle on recrute les porteurs est également à prendre en considération. Pour nous, la saison des pluies était proche à la côte, c'était le moment des travaux des champs. Aussi le recrutement a-t-il été excessivement difficile, d'autant plus que depuis le mois de janvier les missions Baud et Bretonnet avaient eu besoin d'un grand nombre de gens. J'ai déjà dit qu'un approvisionnement important nous avait précédés et nous avions encore à prendre avec nous 442 charges confiées à 442 porteurs.

La plupart de ces gens ainsi levés partent donc dans des conditions morales mauvaises, n'ayant en tête qu'une seule idée, la fuite, et la plus prompte possible, avant d'avoir dépassé Savalou. Une fois ce point franchi, les porteurs se risquent moins à partir, parce que les populations qui occupent la région pourraient fort bien les réduire en captivité.

CONDITIONS MATÉRIELLES DES PORTEURS.

Ils partent, la plupart du temps, dans des conditions défectueuses, mal vêtus, mal outillés, dépourvus de ce qui est pour eux le plus indispensable, c'est-à-dire de récipients suffisants pour contenir de l'eau.

Au départ de Porto-Novo, certains possédaient des calebasses, les unes d'une grandeur raisonnable, les autres (et c'était le plus grand nombre) d'une capacité dérisoire. D'autres porteurs, moins habitués aux colonnes (car beaucoup en ont déjà fait) ou moins prudents étaient munis d'une bouteille en verre, qui se cassait au moindre choc ou lorsqu'ils mettaient leur charge sur la tête. Alors ils prenaient les récipients les plus variés, marmites ou boîtes à farine en fer-blanc, ficelées sur les caisses et d'où l'eau tombait pendant la marche malgré les feuilles qui la recouvraient.

Ce n'est qu'après avoir dépassé Savalou (c'est-à-dire après que nous avons eu traversé le chemin le plus pénible pour nous de toute la durée de la mission) que les porteurs ont pu être munis de calebasses d'une taille suffisante pour ne plus user que de ce genre de récipient. Il serait facile et, je crois, peu coûteux, puisque les porteurs partent de Porto-Novo et y sont réunis quelques jours avant le départ des missions, il serait facile, dis-je, de veiller à ce que tous, quel que soit l'âge, soient munis d'une cabelasse allongée en forme de gourde, à parois épaisse, d'une capacité d'au moins deux litres. C'est le modèle général que les nôtres étaient arrivés à posséder. La fragilité n'en est pas très grande. Ils les portent suspendues par une corde à l'épaule gauche. Alors on pourrait exiger des porteurs qu'avant la marche ils aient leurs cabelasses remplies, et quand, ainsi que cela nous est arrivé, on aura à marcher plusieurs heures sous un soleil brûlant, sans trouver d'eau en route, ils auront de quoi boire pendant la marche et une réserve suffisante pour le repas du matin.

Au point de vue «nourriture», il y a également un certain nombre de remarques à faire. D'abord, je dois dire qu'il est difficile d'assurer d'une façon parfaite la nourriture de 400 porteurs pour les raisons que je vais signaler :

1° Je fais de nouveau remarquer que nous succédions à deux missions ayant au moins chacune 200 porteurs, que 400 hommes nous avaient précédés quelques jours auparavant; que des convois moins nombreux étaient passés dans l'intervalle. Ces convois sont tous obligés de suivre la même route, c'est-à-dire l'Ouémé jusqu'à Dogba ou jusqu'à Zagnanado, ou la route de terre entre ces deux points; puis de Zagnanado ils gagnent Savalou, d'où partent alors deux grands chemins, l'un vers Bassila, l'autre vers Carnot-Ville. Il en résulte que les mêmes villages sont toujours mis en contribution;

2° En maint endroit, les habitants mettent à apporter des vivres une mauvaise volonté évidente. C'est ce qui arrive dans la région comprise entre Savalou et Bossila, chez les Mahis. Ou bien ils affectent une grande insolence, comme à Kaboly, où à une demande d'ignames pour les porteurs on nous répondit par des dispositions de combat, ou bien ils émettent pour quelques pauvres calebasses d'ignames des prétentions exorbitantes. D'un côté, ils refusent l'argent et veulent des cauris ou des perles; de l'autre, à Bedou notamment, il ne faut rien espérer leur acheter si on ne leur donne en échange de leur denrées des morceaux d'étoffes, dont ils demandent des quantités hors de proportion avec la valeur de ce qu'ils apportent. Or la mission n'avait pas une seule balle d'étoffe, tout l'avait précédée à Djougou. C'est donc à Savalou qu'il serait désirable d'en placer une réserve, à destination des missions ou des fonctionnaires qui doivent aller dans le Haut-Dahomey.

Quelle a été la nourriture des porteurs pendant la marche et pendant la durée de la mission? Elle a varié avec les contrées que nous avons traversées. Au départ de Porto-Novo, chaque porteur avait reçu cinq jours de vivres d'avance. Ces vivres consistaient en maïs, qui se mange bouilli, grillé, ou sous forme d'« acassa », c'est-à-dire sous forme de farine pétrie et roulée en boules, de la grosseur du poing environ. Ces boules sont enveloppées de feuilles fraîches et se conservent encore un certain temps. Il en faut au moins six par jour à un homme pour lui permettre de manger d'une façon raisonnable. Or, il a été difficile d'en fournir toujours autant à chaque porteur, et si la difficulté était grande à une faible distance de Porto-Novo, à Sagon et à Zagnanado, où les fonctionnaires ont pu avec beaucoup de mal en réunir quelques paniers, elle n'a fait qu'augmenter pendant le trajet de ce poste à Savalou. Au départ de Zagnanado, le 6 avril, chaque porteur ne disposait que de *deux* boules d'acassa, qu'on avait gardées avec soin pour le repas du matin.

Dans la matinée de ce jour, nous avons trouvé le village de Badamé, où nous avons acheté le manioc et le maïs que les habitants ont bien voulu apporter. Nous avons eu de l'eau abondamment, grâce à M. Villarem, chef de la mission télégraphique, qui en avait fait remplir de nombreuses et grandes jarres. Mais les vivres achetés n'étaient plus suffisants pour le soir. Nous ne pouvions plus trouver de village sur notre route jusqu'à Paouigan, où nous aurions dû arriver le 8 avril au soir, si, malgré deux étapes par jour, nous n'avions trouvé de l'eau sur notre route en quantité insuffisante et une température excessive, sur les effets de laquelle je reviens dans mon dernier chapitre.

Comme il était impossible de nourrir les porteurs sur le pays, il a bien fallu recourir à ouvrir des caisses de riz et de biscuit, qui suppléaient à ce manque absolu de nourriture.

Quand on a dépassé Savalou, on ne trouve plus d'« acassa » ou presque plus. La base de la nourriture est l'igname, que les chefs apportaient en cadeaux en échange des nôtres, moyen plus lucratif et moins ruineux pour eux. A Bassila, M. l'administrateur Deville, qui allait de Djougou à Carnot-Ville, avait eu beaucoup de peine à acheter, relativement fort cher, un tas d'ignames juste suffisant. Les gens avaient refusé de vendre autre chose, notamment des moutons.

C'est dans la région qui s'étend entre Djougou et Konkobiri que nous avons eu pour les porteurs une grande facilité d'achat. Les chefs faisaient d'abord des cadeaux raisonnables, puis nous avions des étoffes et les gens vendaient avec plaisir. On avait une belle calebasse d'ignames avec un morceau d'étoffe permettant de faire le tour de la tête. C'est la grande coquetterie des femmes, qui se passent plus volontiers de vêtements que de cette sorte de turban.

Dans la région qui s'étend entre Nansougou et Konkobiri, et ensuite dans le Gourma tout entier, l'igname devient très rare. Il ne faut plus espérer en avoir comme nourriture courante. Les gens ne la cultivent pas. C'est le mil qui est la base de la nourriture. Les chefs en apportaient des quantités suffisantes pour n'en pas acheter. On se trouvait aussi en pays conquis et ami. Car, à Konkoribi, conformément aux instructions du Gouverneur, la mission était entrée en relation avec celle du capitaine Baud et son lieutenant capitaine Vermeersch, qui, par une initiative hardie et couronnée de succès, venait en deux mois de combats et de victoires de replacer le Gourma sous l'autorité de Bantchandé, son roi légitime, autorité méconnue depuis ongtemps, et de chasser de cette province un vassal rebelle à son roi, Adama, chef de Matiacouali, qui s'était reconnu indépendant et avait, de sa propre autorité, traité avec les Allemands. Notre influence était étendue à toute la région.

La nourriture des porteurs, ainsi que celle de tous les noirs, est presque exclusivement végétale. Cependant, toutes les fois que nous eûmes de la viande suffisamment, notamment à partir de Kuandè, les porteurs purent en profiter. Les habitants vendaient du bétail plus volontiers, les chefs offraient bœufs et moutons, ces derniers en assez grand nombre.

Aussi quand le convoi a eu dépassé Djougou, quoiqu'il comptât encore 261 porteurs au lieu de 342 que nous avions au départ de Zagnanado, ceux-ci, bien nourris, entraînés et pourvus d'eau ne nous ont plus jamais créé d'ennuis. De l'exposé de ces faits, il me semble résulter la nécessité d'avoir dans les postes des réserves de maïs jusqu'à Savalou, d'ignames et de mil à partir de ces points. Dans les villages du Gourma on trouve dans tous les groupes de cases de grosses réserves de riz rouge, de pois chiches, de haricots, de mil, d'arachides que les gens conservent dans des greniers faits d'un mélange de paille hachée et de terre battue, protégés par une couvercle et supportés par des pieds faits de la même manière. Le tout est encore défendu contre la pluie par des enveloppes de paille tressée. L'intérieur de ces greniers est rempli de cendres, pour permettre d'y noyer les graines, de leur assurer ainsi une longue conservation et pour les défendre contre les rats.

Il ne serait pas difficile d'en faire un certain nombre dans les postes, ce qui permettrait d'assurer aux convois, je ne dis pas la nourriture entière, mais une certaine partie.

En outre, ceci montre que des convois de 342 porteurs (442 au départ de Porto-Noro) sont trop forts. On ne peut convenablement veiller à la nourriture de tout ce monde. 150 porteurs sont un chiffre suffisant. Il vaut mieux faire suivre ces convois à quelques jours de distance.

Je n'ai plus à parler que du vêtement des porteurs. Il consiste en une pièce d'étoffe enroulée autour des reins et en une seconde dans laquelle ils se drapent la nuit. Elle leur sert le jour à porter la caisse, que chacun met sur sa tête. Aussi, un assez grand nombre sont atteints de trachéo-bronchite et d'affections graves du poumon et de la plèvre, étant mal défendus par ces deux lambeaux d'étoffe contre la pluie et l'humidité de la nuit.

En terminant ces considérations sur les porteurs, je crois qu'il serait nécessaire, avant le départ, d'éliminer des convois les gens âgés, les garçons trop jeunes ou ceux dont l'aspect indique un mauvais état général. La sélection, sous l'influence des conditions que j'ai énumérées, n'est pas longue à se faire, mais au détriment des charges confiées aux convois. Tous les débiles tombaient en route au départ de Zagnanado, quand nous n'avons presque pas eu d'eau ou quand les marches étaient plus longues et plus fatigantes.

J'ai dû renvoyer une quarantaine de porteurs incapables de suivre après de nombreux essais, entre Porto-Novo et Savalou.

Après ce point, la mission laissa quelques porteurs dans les postes, en général, pour des affections des membres inférieurs, phlegmons, hygromas du genou, vers de Guinée, etc. Plusieurs firent ensuite des convois entre Djougou et Kodjar.

On pourrait peut-être tirer parti, tout au moins pour les convois peu chargés ou pour ceux de ravitaillement entre des postes peu espacés (ce qui est le cas après Djougou), des ânes, qu'on trouve en assez grand nombre à partir de Kirikri. On rencontre alors tous les jours des caravanes de Haoussas allant acheter de la noix de kola, à Kraki, dans le Togo allemand. Ces Haoussas voyagent à cheval et conduisent, outre les bœufs et les moutons, de nombreux ânes chargés. Outre que ces animaux sont doués d'une force musculaire qui leur permettent de porter une assez lourde charge, ils sont sobres et ils marchent très bien. Si toutes ces idées ne peuvent se réaliser de suite, il est permis de penser que ce qui est encore difficile pour le moment sera facile plus tard, à mesure que notre influence s'assure davantage, et le Dahomey a des ressources assez grandes pour qu'on les utilise avec avantage.

HAMACAIRES.

Au départ de Porto-Novo, la colonne reçut 8 hamacs et 23 hamacaires. Chaque officier, y compris le sous-lieutenant indigène, en prit un. C'étaient donc 5 hamacs qui étaient en service. Les trois autres, plus deux que j'avais à l'hôpital de Porto-Novo, devaient servir en cas d'urgence. Pour marcher convenablement, un hamac doit avoir une équipe de 4 hommes. C'est donc déjà pour ceux qu'on nous avait donnés 32 hamacaires qui étaient nécessaires. Mais il n'y a pas eu moyen de se procurer davantage de ces auxiliaires quoique leur solde fût de 1 fr. 30 par jour et qu'ils jouissent de grands avantages en mission. A la côte, circulaient, en effet, des légendes fantastiques sur les gens du Haut-Dahomey et sur les Baribas, en particulier, légendes qui ont fini d'exister.

Ne possédant que 23 hamacaires, nous n'en prîmes chacun que 4. Il restait donc 3 hommes pour un hamac d'ambulance. A Zagnanado je pus prendre quelques porteurs, avec lesquels je pus équiper encore deux hamacs. Mais ce service ne put jamais fonctionner régulièrement. Quand un porteur ordinaire était incapable de suivre avec sa charge, on le remplaçait par un de ceux qui étaient attachés aux hamacs. Heureusement que l'état général de la colonne s'est toujours maintenu assez bon pendant la marche et je n'eus guère plus de 3 hamacs employés à certains moments. Les nôtres furent d'ailleurs le plus souvent mis à contribution et, en dehors des malades, prêtés pendant la moitié des marches aux sous-officiers européens.

Les hamacaires sont presque tous recrutés à Ouidah. Ils forment une corporation considérée comme honorable. Ils ont beaucoup de fierté et, étant Dahoméens, beaucoup de courage.

Lorsque l'insurrection du Borgou éclata, les effectifs des missions étant insuffisants, le capitaine Vermeersch eut l'idée de créer une section de 25 hamacaires avec ceux qu'il avait à Kuandé et qui équipaient les hamacs des Européens du poste et le sien propre. Soumis à un mois d'exercice assidu, ces 25 hommes arrivèrent à manœuvrer convenablement très vite et se battirent bravement dans toute la colonne, notamment à Ouassa, où, voyant les flèches pour la première fois, ils eurent à supporter le plus gros effort de l'ennemi, eurent 2 tués et 1 blessé. Lorsque la compagnie put descendre du Gourma et arriver à Kuandé, elle amena ses hamacaires, qui furent soumis à la discipline commune, mais formèrent une section dite de *hamacaires brancardiers* ayant un uniforme spécial et obéissant aux commandements militaires. Le capitaine Vermeersch l'avait voulu ainsi, afin de leur faire perdre l'esprit d'indépendance, qu'ils ont grande tendance à prendre en mission.

Je n'ai qu'à me louer des services des hamacaires brancardiers, qui eurent d'ailleurs un des leurs tué. Quoique à équipe réduite, ils ont porté pendant *plusieurs heures* malades et blessés dans des terrains souvent accidentés et rocailleux. Le hamac est un bon mode de transport pour des blessés ordinaires. Il constitue, en outre pour la nuit, un moyen de couchage préférable à la paille étendue sur le sol. Pris au dépourvu, n'ayant pas de lit de campagne, j'ai usé de ce moyen de couchage. Il suffit de mettre le bâton sur deux fourches. On jette la couverture en toit sur le bâton et on est ainsi à l'abri de la pluie même violente, ainsi que j'ai pu le constater pendant tout l'hivernage, où nous avons été perpétuellement en marche. Les sous-officiers usèrent aussi de ce moyen.

MATÉRIEL D'AMBULANCE.

Il comprenait 3 paniers en osier et une caisse en bois. C'est sur cette cantine médicale que j'ai trouvée très pratique que je vais m'appesantir tout d'abord.

Ses dimensions extérieures sont les suivantes :

Largeur	0m 48
Longueur	0 43
Hauteur	0 25

Elle possède un couvercle à deux charnières et à deux pattes permettant une fermeture au moyen de deux cadenas. En soulevant le couvercle, la face antérieure de la boîte s'abaisse, rendue mobile sur le fond par deux charnières. Sur les faces latérales fixes, sont deux solides poignées en fer. Sur la face postérieure fixe également, sont deux chaînes en fer permettant de mettre cette caisse à dos de mulet. Cette caisse extérieure est faite de planches dont l'épaisseur est de 0 m. 015.

Elle renferme deux tiroirs munis d'un anneau. En rabattant la face antérieure, on peut enlever ces deux tiroirs. Cette cantine, je le répète, est très pratique. Aussi vais-je m'étendre sur sa composition et sur les modifications à y apporter. Je ne sais si elle est réglementaire. Elle mériterait de le devenir. Elle est venue de Dakar et a suivi la 8e compagnie au Fouta Djallon et dans le Haut-Dahomey.

MODIFICATIONS À APPORTER À CETTE CANTINE.

Le tiroir inférieur ne me paraît pas devoir être modifié dans son arrangement. Je crois seulement qu'on gagnerait à le faire en fer-blanc ainsi que ses cloisons verticales. C'est également ce qu'il faudrait faire pour le tiroir supérieur et pour les cloisons de ses compartiments. On y gagnerait toute l'épaisseur du bois qui forme parois et cloisons, d'où augmentation de la capacité des tiroirs et diminution de poids. Actuellement, garnie, cette cantine ne dépasse pas 22 kil. 500 à 23 kilos. Réduire son poids ne peut être encore qu'un avantage. Quant à la caisse extérieure, elle n'a pas besoin de modifications. Il est nécessaire pour la résistance qu'elle reste en bois, de l'épaisseur ci-dessus mentionnée.

Je résume, dans le tableau ci-dessous, les médicaments et objets de pansement contenus dans cette petite caisse, tels que je les avais arrangés, de manière, une fois dans un poste, à pouvoir partir avec cette cantine et un panier en osier, composé comme je le dirai plus loin. C'est suffisant et pratique pour une reconnaissance et des opérations dans un rayon d'une certaine étendue.

TIROIR SUPÉRIEUR.

Acide phénique pur	Flacons de 100 grammes.
Ammoniaque	
Perchlorure de fer	
Eau-de-vie allemande	
Laudanum	

1 flacon de sulfate de quinine.

1 flacon de bromhydrate de quinine.

1 flacon de sérum anti-venimeux.
1 flacon de vaseline boriquée.
1 pot à onguent de 250 grammes de sulfate de soude.
— — de vaseline blanche.
— — d'onguent mercuriel.
— de 30 grammes d'ergotine.
1 flacon d'iodoforme.
1 solution de caféine.
Des paquets de salol, d'antipyrine, d'ipéca, de sous-nitrate de bismuth, de salicylate de soude.
Des paquets de caféine et de benzoate de soude, de permanganate de potasse, de bichlorure de mercure.
1 seringue de Pravaz avec des aiguilles en platine iridié.
1 flacon de drains.
Divers flacons de soie, catgut, crins de Florence.
Des épingles, des aiguilles, du fil à coudre, du galon.
Des flacons vides pour solution.
De l'amadou.
1 solution de sous-acétate de plomb.
1 bande élastique.
1 mètre à ruban.

TIROIR INFÉRIEUR.

1 trousse réglementaire.
40 bandes en toile ordinaire.
1 bande en caoutchouc.
10 pansements individuels.
7 paquets de gaze iodoformée de 2 m. × 0 m. 65.
Des aiguilles à suture.
Des étuis avec rouleaux de diachylon.
1 compte-gouttes.
1 thermomètre de clinique.
Quelques sondes.
4 flacons de chloroforme Dumouthiers.
1 paquet de 125 grammes de coton hydrophile.
2 paquets de 50 grammes de coton bichloruré.
1 paquet de bandes de coton purifiées.
2 paquets de compresses en gaze à pansement purifiées.
2 boîtes de sinapismes.
1 seringue en verre.

Voilà, je le crois, de quoi répondre à toutes les indications premières. Organisée surtout en vue du combat, elle était complétée par un panier en osier, que j'avais compris de la façon suivante :

1 plateau en tôle émaillée. Longueur 0 m. 45, largeur 0 m. 25.
1 caisse de la guerre n° 3. Tout le monde les connaît et ces caisses sont fort pratiques. Malheureusement, celles qui existent au Dahomey possèdent des instruments ayant des manches en bois et sont doublées de toile rouge, ce qui, en campagne, n'est pas favorable, à une bonne stérilisation.

Mais le volume réduit de ces boîtes et le grand nombre d'instruments qu'elles renferment sur trois épaisseurs, sont un gros avantage.

1 tourniquet de J.-L. Petit.
10 paquets de pansement individuel.
500 grammes de coton hydrophile purifié.
1 bande de gaze purifiée. Longueur 16 mètres, largeur 0 m. 10.
1 paquet de 10 petites compresses en toile.
3 boîtes de 5 paquets de gaze iodoformée à 30 p. 100.
500 grammes de coton absorbant supérieur au bichlorure de mercure.
1 petite caisse en bois renfermant des paquets de sel d'Epsom comprimé et solution forte de cocaïne à 5 p. 100.
Solution faible de cocaïne à 1 pour 100.
Éther.
Acétate d'ammoniaque.
Teinture de digitale.
1 solution de morphine.
2 petits plateaux carrés, en tôle émaillée pour pansements.
1 courtine avec une solution mère de bichlorure de mercure à 5 grammes pour 125 grammes d'eau.
1 flacon gradué de 125 grammes en verre.
1 bouteille pour solution de sublimé à 1 p. 1000.
— — phéniquée à 25 p. 1000.
— — permanganate de potasse à 1 p. 1000.
1 entonnoir métallique.
1 quart émaillé pour boissons.
1 stéthoscope en bois.
7 draps fanons de jambe.
7 bandages triangulaires.
Du linge en pièce.

Ainsi compris, ce panier est un peu lourd. Je possédais trois de ces paniers qui provenaient de l'hôpital de Porto-Novo, où ils étaient en réserve, ayant déjà servi aux opérations de 1892 et 1893.

Ce sont des paniers en osier de 0 m. 65 de longueur; 0 m. 25 de hauteur (ouverts), 0 m. 29 (fermés); 0 m. 44 de largeur.

Ces paniers sont tapissés à l'intérieur d'une forte toile; les angles sont renforcés par du cuir. Le couvercle est extérieurement doublé par un cuir noir très épais qui retombe en débordant et assure la fermeture du panier; trois planchettes en bois sont clouées sur le couvercle et deux fortes courroies en cuir servent à le fermer.

Quoique lourd, ce panier tel qu'il était compris, était très pratique et puis il y a des choses qu'on ne pourra jamais mettre dans la petite cantine, tels les plateaux, telles les solutions antiseptiques. Il faudrait donc en avoir un avec soi. Mais on peut l'alléger en faisant entrer les autres solutions qui s'y trouvaient dans la cantine en bois avec les modifications proposées pour le tiroir supérieur.

PERSONNEL INFIRMIER.

Lorsque la 8e compagnie arriva à Porto-Novo, elle amenait avec elle un tirailleur qui avait une assez grande habitude de ces fonctions; malheureusement je dus l'évacuer dès Savalou par suite d'une reprise de dysenterie chronique. Je dressai donc un autre tirailleur à ces fonctions, mais il était illettré et, en dehors des pansements, je ne le laissais pas manier les médicaments. Au moment où la colonne entra dans la phase des opérations de guerre contre le Borgou, je trouvai un tirailleur sachant lire et écrire le français. Cet homme arrivait avec la compagnie auxiliaire sénégalaise. Il me fut bien précieux et put se mettre rapidement au courant.

LE DAHOMEY.

Maintenant que j'ai montré les éléments d'action dont disposait la mission Ganier, je vais entrer dans le détail du programme qu'elle avait à résoudre. Je consigne dans ce chapitre ce que j'ai vu ou appris personnellement. C'est le récit des événements pacifiques qui se sont étendus du départ de Cotonou au soulèvement du Borgou.

La mission quitta Porto-Novo le 28 mars, répartie dans un grand nombre de pirogues, qui remontèrent lentement les rives marécageuses et basses de l'Ouémé. Toutefois le pittoresque n'en est pas absent, grâce aux nombreux villages répandus sur les bords de ce fleuve. Au fur et à mesure, d'ailleurs, qu'on approche de la fin du jour, le fleuve commence à présenter des rives plus escarpées, plus boisées. Des bancs de sable, des pêcheries l'encombrent, forçant à chaque instant les équipages des pirogues à se mettre à l'eau pour les pousser. En cette saison de l'année, les eaux du fleuve sont trop basses pour permettre de dépasser Dogba. Aussi est-ce à ce poste que nous débarquâmes et que nous organisâmes notre convoi jusqu'à Djougou.

A Dogba, nous passâmes le 30 mars le fleuve à gué pour nous diriger sur Zagnanado par les villages de Zounou, Dossou, Ouacon et Sagon.

Le chemin passe au milieu tantôt de plaines, tantôt de hautes et belles forêts, mais le caractère général du pays que nous avons traversé réside dans l'existence de bois au milieu desquels on chemine presque tout le temps, bois qui sont toujours composés des mêmes arbres, où domine le karité. La brousse y trouve pour son développement un terrain de prédilection et atteint de grandes hauteurs, mais pendant la saison sèche elle est, en général, brûlée. Les villages se trouvent au débouché des bois ou sont annoncés par l'existence de champs auxquels succèdent encore des parties non déboisées. Le sol est mou, crevassé; on le sent éminemment infiltrable et c'est ce qu'on peut constater à la désagréable saison des pluies; où les marches sont fort pénibles, surtout pour les porteurs, qui reculent autant qu'ils avancent. C'est donc un *pays essentiellement marécageux.*

La mission atteignit Zagnanado le 3 avril. Le poste de Sagon, qui le précède de quelques heures, serait bien situé à un gracieux coude de l'Ouémé, sur la berge élevée du fleuve, s'il ne fallait traverser pour y arriver un marigot de cinq à six cents mètres de largeur qui aurait, d'après les versions, de huit à vingt kilomètres de longueur et qui, pendant et à la fin de la saison des pluies, est, par les vents du Sud, un foyer d'infection pour le pays. Zagnanado est sur un plateau d'où la vue peut embrasser un large horizon de monts et de forêts. C'est, je le crois, un endroit sain dans une belle nature. C'était le siège du palais de Béhanzin, palais d'été. On y voit en excellent état les cases ornées de fresques grossières où on immolait des vierges et des prisonniers. Zagnanado possède une eau excellente provenant d'une source, la première qu'on trouve depuis la côte. De ce poste, à travers une région boisée et accidentée de collines, nous gagnâmes Savalou en traversant les villages de Badamé, Paouignan, Dassa-Zoumé et Logozohoué. Ce fut la partie la plus dure de la marche. Le manque de villages entre ce point et Paouignan, une sécheresse insolite qui fit trouver vides plusieurs points d'eau en sont les principales causes.

Je ne parlerai pas des habitants qui sont jusqu'ici des Nagos près de la côte ou des Dahoméens.

PAYS DES MAHIS.

A partir de Savalou nous entrons chez les Mahis. La région est sous le protectorat français, mais les gens n'ont point senti la force des armes. Ils sont plus ou moins respectueux avec les Européens. Les postes ont une influence surtout morale. Les gens ne craignent pas de détrousser les caravanes de Haoussas, car ils sont volontiers pillards de grands chemins. La nature du pays se prête à leurs actes. Les villes qui sont fortes existent toutes au milieu de magnifiques forêts, où l'on s'engage sans avoir trouvé un être sur la route, sans avoir d'autre indice de la présence de l'homme que quelques champs cultivés aux alentours. Tout d'un coup, le village se dresse devant vous. Il se compose de cases rondes à murs épais en terre de barre, de hauteur d'homme. Un toit de paille les recouvre. Mais leur caractère saillant est le fait qu'elles sont toutes reliées entre elles par des murs demi-circulaires, de hauteur d'homme. Seules, deux ou trois ouvertures qui indiquent l'existence de rues permettent de s'y engager. Et encore ces rues sont-elles étroites et tortueuses. Bref, la vue de ces villages est en rapport avec le genre de vie des habitants, et le tout conforme à l'air sauvage de ceux-ci. C'est le triomphe de la force physique et de la rudesse chez les hommes ou chez les femmes. Les hommes sont encore vêtus. Il en est de même de la femme mariée. Quant à la jeune fille, jusqu'au jour où elle est demandée en mariage, elle est entièrement nue, vêtue de colliers au cou, autour des reins, et de bracelets. Les étoffes sont le meilleur objet d'échange dans la région. La coiffure est curieuse. Les Mahis ont la tête rasée, hommes et femmes, ou ils décomposent leurs cheveux courts et crépus en îlots, généralement au nombre de quatre, un à chaque extrémité de la suture sagittale, et un sur chaque pariétal; ou, comme les Arabes, ils laissent un long toupet sur le sommet de la tête, mais il est difficile de se rendre compte de la diversité qui préside à l'arrangement de cette coiffure, qui varie selon chacun.

C'est dans cette région qu'on commence à trouver les gens en armes, au contraire de tout ce qui existe dans le Dahomey proprement dit. Les hommes sont tous munis d'arcs et de flèches empoisonnées et d'un couteau dont la poignée embrasse la main et dont la lame est par suite dirigée horizontalement à l'extérieur. Les villages les plus remarquables de la région sont Banté, Akpassi, Pira, Kaboly et surtout Bédou. Kaboly est, paraît-il, renommé pour son hospitalité écossaise offerte quelquefois aux blancs qui montent dans les postes du Nord. Nous faillîmes y recevoir des flèches et tout ce dont je pus me rendre compte, c'est que cette misérable bourgade refusa de procurer pour les porteurs les ignames dont nous avions besoin.

PAYS DES KODOKOLIS ET DES KAFIRIS.

Après Bédou, nous atteignimes Bassila. Ici nous allions nous trouver dans un pays nouveau. Les habitants portent le nom bizarre de Kodokolis. A partir de Djougon vivent les Kafiris.

Bassila, ville kodokoli, est également au centre d'une immense forêt. Les habitants m'ont paru peu différents des Mahis. On commence à trouver des chevaux, qui ne vivent pas dans les régions inférieures. Un poste de milice existait dans cette ville. Après Bassila, Kirikri, que la commission de délimitation du 22 juillet 1897 a donné à l'Allemagne, puis Djougou où la mission reconstitua son convoi et s'adjoignit M. Molex, inspecteur de 1re classe de la garde indigène. Sur la carte, on remarquera à côté du nom de Djougou celui de Ouangara. On pourrait en dire autant de beaucoup de villes d'un pays qui en est très voisin, le Borgou. C'est qu'en effet on trouve dans ces régions une organisation spéciale. A côté des habitants primitifs du sol sont venus se fixer des gens étrangers au pays, des commerçants haoussas surtout. Ceux-ci n'habitent pas au même endroit que les premiers possesseurs du sol. Ils habitent le «Ouangara», *la ville des étrangers*, en général forte, riche, possédant un grand marché, entourée d'un tata. A la tête du «Ouangara» est un chef qui porte le titre de «Parapeï» ou chef des étrangers. Les autochtones ont leur chef propre. Outre ces deux personnages, il faut compter avec les «Imans» ou chefs religieux musulmans. A partir de Bassila, en effet, on sent qu'un élément étranger et plus civilisé a fait son apparition; on voit que l'islamisme a déjà jeté les bases de sa conquête morale. Est-ce à cela qu'il est dû de ne plus trouver de représentations fétichistes grossières comme à la côte? Peut-être. Toujours est-il que l'«iman» est un personnage et je dois dire que ceux que nous avons vus ont plutôt essayé le rôle de médiateur qui convient à tout ministre d'une religion, mais ils n'ont pas été écoutés. Je ne sais quelle est la signification du terme de Kodokolis. Quant à celle de Kafiris, elle indique le mépris. Les Musulmans désignent sous ce nom les habitants de la région qui s'étend de Djougou à Guilmaro sur la route que la mission a parcourue, mais qui habite une grande partie de l'hinterland du Togo allemand. Là les peuplades kafiris sont encore plus sauvages. Jusqu'à présent nous n'avions vu que les jeunes filles nues, maintenant ce sont les hommes eux-mêmes, les vieillards qui n'ont pas un linge pour les couvrir ou qui ont rarement un mauvais tablier de cuir. Sur notre route ces gens habitaient des villages semblables à ceux des Baribas; beaucoup étaient vêtus. Ils se trouvaient, en somme, en minorité et vivaient mélangés. Mais, vers le Togo, il en est autrement.

Avant la délimitation des possessions franco-allemandes, M. le sous-lieutenant Aymès, commandant le poste de Kuandè, devait, pour remplir une partie de ses instructions, fonder un poste à Taïakou, entre le siège de son commandement et la ville de Pama, dans le Gourma où la mission du capitaine Baud avait une garnison. Il fut reçu de fort mauvaise grâce, risqua à chaque instant d'être attaqué. «Les demeures de ces gens, m'a-t-il dit, sont en terre de barre, reliées entre elles comme à Bédou, mais ici ce n'est plus à des murs de hauteur d'homme qu'on a affaire, mais à des murs de 3 m. 50 à 4 mètres de hauteur, d'une grande épaisseur et sans ouverture pour y pénétrer. On entre et on sort au moyen d'un morceau de bois entaillé, sur lequel les gens grimpent à la façon des singes. Quand l'échelle est retirée, il n'y a plus de voie de pénétration. Pas de toit en paille, mais une terrasse à l'épreuve de la pluie.»

Hommes et femmes sont nus et prennent tous les armes en cas de guerre. Rien n'est curieux comme le costume de ces guerriers. Des plumes fort hautes sur la tête, des colliers de soies de porc-épic, ou de ces mêmes plumes aux bras, aux coudes, aux genoux, au cou-de-pied, des anneaux dans le nez, dans la lèvre inférieure, de la verroterie, tels sont leurs ornements guerriers. Si on leur offre des étoffes, ils éclatent de rire disant qu'ils n'en ont que faire. Un peu de sel est la seule chose qu'ils désirent. Ils détestent les étrangers, et ce sera avec la prudence et la force qu'il faudra s'avancer chez eux. C'est donc avec raison que les Musulmans les appellent «Kafiris ou Kéfiris», c'est-à-dire sauvages.

Après Kirikri, la mission traversa les villages de Corina, Bodi, Pédébina, Sobroukou et arriva à Djougou, où la compagnie trouva sa section de vingt-cinq hommes, qui était partie en avant. Elle se trouva donc à effectif complet. Le convoi fut réorganisé et allégé. Nous quittions Djougou le 27 avril et arrivions à Pabégou, village kafiri. Jusque-là nous avions surtout traversé des plaines. Nous allions avoir maintenant des montagnes assez sérieuses à franchir. Le pays est très riche, les villages sont nombreux, gros et la population dense. A partir de la ville de Birni, nous étions dans le Borgou qui va jusqu'à Nansougou inclus, sur la route qu'il nous était donné de parcourir. Après Birni, Nioro, et au sortir d'une presque entière journée de montagnes, nous arrivions à Kuandè, première étape de la mission, premier poste à fonder. Pour la clarté du récit, je dois dire que le roi de Kuandè n'avait jamais voulu accepter de poste dans son pays, et s'il laissait passer les Européens, il ne voulait pas les recevoir. M. le gouverneur Ballot, craignant les visées des Allemands, avait donné au capitaine Ganier l'ordre formel de prendre la ville si le roi n'acceptait pas nos propositions; mais, pendant que nous montions, M. l'inspecteur Molex, résident du Borgou, avait fini par faire accepter par ce chef un poste de quatre miliciens. Kuandè étant au débouché de la magnifique route de caravanes, qui va d'Ilo sur le Niger à la côte, la possession de cette ville était capitale. Le roi de Kuandè, ayant donc pour cette fois entendu la voix de la raison, accepta tout ce que l'on voulut. M. le sous-lieutenant Aymès, 2 sous-officiers européens et 30 tirailleurs restèrent à Kuandè.

Continuant notre route, nous traversâmes la région montagneuse et boisée qui s'étend de Kuandè à Nansougou, en passant par Guilmaro et Lambounti. Le 8 mai, abandonnant la chaîne de montagnes que nous traversions depuis Birni, nous aperçumes du haut du dernier contrefort le magnifique panorama de l'immense plaine de Konkobiri. Nous étions dans le Gourma.

LE BORGOU ET LES BARIBAS.

Avant d'aller plus loin, je vais tracer un tableau des Baribas tels qu'ils me sont apparus. Ce sont de beaux hommes qui habitent un pays relativement fort riche. La terre rapporte du maïs, du mil, du riz rouge, des ignames, des arachides, des haricots, du tabac. Les pâturages sont beaux et les troupeaux nombreux. La région est forcément le lieu de passage des caravanes de Haoussas qui viennent commercer à la côte et acheter des kolas. Aussi grèvent-ils ces commerçants d'un droit assez élevé. Ce sont des pillards, et on comprend qu'ils ne nous aient pas vus venir d'un bon œil. C'est là une des causes de leur soulèvement. En général, ils sont presque uniformément vêtus d'une tunique sans manches, ouverte en triangle sur le devant de la poitrine et très peu pincée à la taille. La couleur en est presque généralement verte avec des raies longitudinales jaunes ou bleues. Les uns portent le pantalon bouffant de forme arabe, de la même couleur jaune vert; les autres n'ont qu'un lambeau d'étoffe semblable autour des reins. Le matin, le soir et par les temps humides, ils se drapent tous, hommes et femmes, dans de grands pagnes bleu foncé dont ils rejettent, comme une toge, les pans sur l'épaule gauche. Sur la tête, un bonnet d'étoffe rond affectant la forme d'un bonnet napolitain, et toujours de la même couleur jaune vert ou blanc. Les cheveux sont, comme chez les Mahis, décomposés en îlots de toutes les façons possibles. Le bonnet des chefs est plus élevé et est orné de losanges de drap, de peaux de bête ou de plaques de zinc. Les chefs sont revêtus d'une longue robe à traîne et portent des sandales. Le Bariba se reconnaît à un tatouage générique. C'est une incision de 4 à 5 centimètres de long, qui part du milieu du nez pour aboutir au milieu de la joue; les cicatrices diverses que portent beaucoup de gens sont des tatouages accessoires. La moustache est rare, la barbe existe au menton. Ils portent des bracelets de cuivre rouge, jaune, de fer ou des bracelets avec mélange de ces trois métaux, qui leur sont fournis par les Haoussas.

Les femmes portent un grand pagne bleu attaché à la taille et pouvant en même temps recouvrir les seins. Leur grande coquetterie consiste dans des morceaux d'étoffe pouvant faire une fois et demie le tour de la tête, comme un turban. Elles plient cette étoffe plusieurs fois sur elle-même et s'en parent tous les jours. C'est par ce procédé que nous achetions les vivres nécessaires. Comme les hommes, les femmes portent des anneaux de cuivre ou de bois aux bras, quelquefois aux pieds.

L'air général de la femme est doux. La femme bariba plaît par l'ensemble. Elle a l'air qui convient à son sexe, ce qui n'existe point dans le Gourma. La coiffure suit la même règle que chez les hommes.

Le Bariba est hospitalier, lorsqu'il est votre ami. Il est plein d'orgueil, cupide, et c'est en partie à cela qu'il faut attribuer l'assassinat dont un Européen a été victime en 1896. Le Bariba s'est montré très rebelle à notre domination. C'est ce que je raconterai dans le chapitre III. Tel est, dans ses grandes lignes, le Borgou avec une partie de ses institutions et des mœurs de ses habitants. Les villes sont fortes, beaucoup sont défendues par de beaux tatas. Les cases, rondes, sont en terre de barre ou en paille tressée. Quelquefois, les deux matériaux sont superposés. Les chevaux, nombreux et beaux, sont traités avec grand soin, mais ne paraissent pas encore vivre facilement et longtemps.

L'armement des gens comprend le couteau, le sabre, la lance, le bouclier en peau de bœuf pour les cavaliers. Les gens de pied ont l'arc, les flèches et de mauvais fusils à pierre dont ils ne se servent guère que dans les réjouissances publiques. Les flèches sont enduites d'une composition mortelle, empruntée à un strophantus J'y reviens dans le dernier chapitre exclusivement médical.

En jetant les yeux sur la carte de la boucle du Niger, on voit que le Borgou est un pays étendu. A l'Ouest, ses limites approximatives sont la route de Djougou à Nansougou. Au Nord, une ligne partant de Firou et allant vers Ilo, près du Niger. A l'Est, le pays suit ce fleuve à un certain nombre de kilomètres de distance. Enfin, la ligne de postes qui va au Sud de Bassila vers Kayoma indique à peu près ses limites de ce côté. Quant aux villes qui, sur la carte, vont d'Ilo à Boussah, elles seraient habitées par des races d'origine différente. Tout le Borgou se ressent du voisinage du Niger et sa richesse en vient en grande partie.

LES PEUHLS.

Les Peuhls ou Foulbés existent en grand nombre dans la boucle du Niger et possèdent de magnifiques troupeaux. Ils sont trop connus de tous ceux qui ont servi dans nos possessions du Sénégal pour que je m'attarde à la description de cette race nomade, qui s'insinue partout, cherchant à devenir maîtresse du pays, tout en consentant auparavant à subir la domination des possesseurs du sol. Je me contente de les signaler.

LE GOURMA ET SES HABITANTS.

Maintenant que j'ai fait connaître un peu le Borgou, revenons au Gourma et à l'œuvre de la mission. Le 8 mai, nous arrivions à Konkobiri, belle ville du Gourma, où nous avions à fonder un poste. La tâche fut encore plus facile qu'à Kuandè, puisque le capitaine Vermeersch avait mis la province sous la domination de la France avec le consentement de son roi.

A deux jours de Konkobiri se trouvait le second de la mission Baud qui avait pour objet d'occuper cette province conformément aux traités passés en 1895 par le commandant d'artillerie Decœur, premier Européen qui venait dans ce pays. Ces traités étaient antérieurs à ceux des Allemands, qui, d'ailleurs, n'étaient pas valables, car ils étaient passés avec Adama, chef de Matiacouali, rebelle à son suzerain, qui avait agi ainsi de sa propre autorité, entraînant dans son mouvement les chefs de Pama et de Kankantchari. Il en résultait que l'Allemagne réclamait cette bande de territoire qui lui donnait accès vers le Niger. Le capitaine Baud n'hésita pas à donner la main à Bantchandé, roi du Gourma, et à chasser Adama, qui alla se réfugier à Sansanné-Mango. Or à Konkobiri, étaient réfugiés quelques chefs de villages qui n'étaient pas sans se reprocher des velléités d'indépendance. Aussi l'arrivée de la compagnie les effraya-t-elle d'abord, mais ils y virent une planche de salut. Ils furent rassurés sur nos intentions, revinrent dans leurs villages et c'est une province sur laquelle on peut compter pour le moment. La mission Ganier fit donc sa jonction avec la mission Baud puisqu'elle devait d'ailleurs coopérer à l'occupation de cette province jusqu'aux décisions de la commission.

De Konkobiri, à travers une plaine alors sèche, mais impraticable à la saison des pluies, région d'immenses marécages avec d'énormes rivières, nous atteignîmes le terme provisoire de la mission, le misérable et marécageux village de Kodjar où la compagnie s'arrêta près de deux mois et construisit un poste. Mais ce n'était là qu'un point d'observation et peu à peu nous allâmes à Botou, à 50 kilomètres de Say, occupée par le Soudan, à Kankantchari, à Bozougou et à Matiacouali, en mettant des postes à tous ces endroits. Matiacouali et Pama possédèrent des garnisons allemandes jusqu'en septembre.

Les limites du Gourma sont : au Sud, la route de Konkobiri à Pama; à l'Ouest, la ligne qui va de Pama à Bilanga; à l'Est, la route de Konkobiri à Botou; enfin au Nord la route de Botou à Fada N'Gourma. Ces limites sont approximatives, mais elles sont sensiblement vraies.

Dès qu'on arrive à Bandjago, premier village du Gourma à la sortie du Borgou, on est frappé de l'air tout différent que présente la race. A première vue, ce qui fait le mieux reconnaître les gens du Gourma, est la façon dont ils portent les cheveux. Ils se rasent la tête de façon à ne conserver qu'une sorte de calotte ronde appliquée sur l'occiput et allant d'une région temporale à l'autre, dans le genre de ces calottes rondes que portent les ecclésiastiques chez nous. Hommes et femmes ont la même coupe de cheveux qui est presque générique, ainsi que les tatouages qui consistent en incisions longitudinales au nombre de quatre ou cinq sur chaque joue.

Souvent on voit se détacher de la partie antérieure de cette calotte de cheveux un triangle qui occupe la région de la suture sagittale; quelquefois ils décomposent leurs cheveux en une étoile à quatre branches dont le centre est au sommet de la tête et dont les branches rayonnent vers le front, les oreilles et la nuque.

Les hommes sont vigoureux, leur air est moins intelligent que celui des Baribas. Ils sont bien plus paisibles. Les villes sont peu ou pas fortifiées. Les cases sont rondes, en murs de terre ou de paille tressée, avec toit en paille. Les villages sont formés par des agglomérations étendues de ces cases groupées par huit ou dix suivant les familles et séparées par des champs. Les cases ne sont reliées entre elles que par des barrières de paille de mil. On sent qu'on n'a pas affaire aux pillards du Borgou; cependant ils sont loin d'être parfaits. Ils s'aventurent peu, seuls, en dehors de leurs villages respectifs, de crainte d'être faits captifs. Les cases des chefs ne diffèrent guère des autres; comme celles de leurs gens, elles sont circulaires. La case d'entrée possède deux ouvertures de hauteur d'homme. Elle sert aux palabres, à la réception des étrangers. Souvent on y loge les chevaux. Les cases ordinaires ont une ouverture circulaire. Il faut presque s'accroupir pour y entrer. Elles rappellent beaucoup les cases des Foulbés. Quoiqu'elles servent au logement des habitants, elles sont souvent encombrées de greniers en terre. L'aération est faible. Elles sont peu propres. Le groupe des cases du chef se reconnaît aux œufs d'autruche qui les surmontent.

Les hommes sont vêtus de la même façon que les Baribas, pantalon bouffant, grande tunique. Mais celle-ci a le col arrondi et une teinte presque universellement adoptée. Elle est faite de bandes d'étoffe, en coton du pays, larges comme la main, alternativement blanches et bleues. Toutefois, les étoffes sont plus grossières. Les femmes sont vêtues de pagnes bleus et ne portent rien sur la tête, sauf dans les grandes villes ou aux jours de grande fête, où elles mettent quelquefois une sorte de turban. Les filles sont nues, sauf un linge qui pend au-devant des jambes et qui tombe jusqu'à terre. Ce linge est retenu au moyen d'un collier de reins en cauris d'une éclatante blancheur. Toutes les femmes portent des gris-gris suspendus au cou par des lacets de cuir noir. Ces gris-gris ont la forme d'un rectangle en cuir avec trois cauris dans l'axe. Des bracelets de cuivre, de bois, de fer ou de cuir d'éléphant, témoignage de l'habileté des chasseurs, ornent leurs bras. Les hommes ont les mêmes bracelets et, au-dessus du coude, en portent quelquefois un fait de pierre taillée.

Les chefs ne portent pas la robe à traîne de ceux du Borgou. Ils sont vêtus richement, mais comme leurs sujets. Ils portent généralement un bracelet d'argent au bras droit et marchent précédés d'un bâton du sommet duquel pend une queue de bœuf.

Les femmes ont les traits masculins, bien peu ont l'air doux qui convient à leur sexe. Dans les oreilles elles portent des bouts de bois aux extrémités desquels sont des cauris.

Au contraire des Baribas, qui sont propres dans leur mise, les Gourmas sont d'un aspect sale. Le grand nombre d'affections oculaires dont ils sont affligés par suite de la fréquence de la conjonctivite granuleuse ne contribue pas à les embellir.

En temps de pluie, les gens du Gourma, comme ceux du Borgou, se chaussent de souliers de bois de la même forme que ceux des gens de l'Extrême-Orient.

Dans ces pays, le salut consiste dans une sorte d'accroupissement, puis les gens se relèvent et se serrent la main. Les esclaves, et même les gens libres, devant le chef, s'aplatissent littéralement dans la poussière et se couvrent à plusieurs reprises la tête de celle-ci.

Il m'a été donné de voir la façon dont les Gourmas enterrent leurs morts. Comme dans tout le Dahomey, il n'existe pas de cimetières, les gens sont enterrés dans les villages, devant les cases ou dans celles-ci, comme cela existe chez les Nagos. De petits monticules indiquent quelquefois leur présence. La tombe est un trou de la longueur du corps et de la largeur de celui-ci mis de champ. Elle au plus 1 m. 20 de profondeur. Le corps occupe le fond. Au-dessus de lui est un grand espace vide. Le tout est recouvert d'un toit plat de morceaux de bois, de paille et de terre battue.

J'ai dit qu'on voyait fort rarement de représentations du culte dans le Haut-Dahomey. La croyance aux amulettes est très grande. Les musulmans sont nombreux dans le Gourma. Il y a beaucoup de Foulbés. Les troupeaux, les chevaux et les ânes sont nombreux.

Les productions du pays sont le mil, le maïs, les arachides, le tabac, le karité et l'indigo. On ne cultive pas l'igname. Les couleurs d'indigo sont fort en honneur et il n'est pas de village qui ne possède ses puits à teinture. Ce sont les étoffes bleues et blanches qui ont le plus de valeur. On trouve assez difficilement, au point de vue de la nourriture pour les milices et les troupes indigènes, tout ce qu'on veut. Il faut donc avoir des réserves de vivres. Il n'est pas besoin, à la rigueur, de faire monter du riz blanc, sauf quelques caisses pour les Européens qui peuvent se procurer, chez les Foulbés, du riz rouge, du beurre, du lait et du fromage, ainsi que du miel. Les gens du pays mâchent continuellement de la kola et ont la funeste habitude de cracher partout; c'est une race qui ignore la propreté.

Je ne m'appesantis point sur la faune et sur la flore, qui sont celles du Soudan.

Tels sont les caractères les plus frappants des deux principales races encore peu connues (puisque aucun Européen n'y était monté avant 1895) qui occupent le Haut-Dahomey.

INSURRECTION DU BORGOU. — OPÉRATIONS MILITAIRES.

Non moins importante et beaucoup plus active a été la seconde partie de la mission. Il s'agissait de faire face à l'insurrection du Borgou. Pour comprendre ces événements, il faut remonter à leur source. Ce pays bariba, rendu riche par le voisinage du Niger et par les perpétuelles rapines de ses habitants, avait su entretenir dans la crainte les pays voisins. Il y a quelques années, une guerre heureuse qu'il avait faite dans le Yoruba avait mis le comble à sa puissance. De nombreux esclaves avaient été emmenés en captivité. Lorsque les missions commencèrent, après la conquête du Dahomey, à rayonner dans la Boucle du Niger, elles furent vues de très mauvais œil par les chefs et surtout par ceux de Péréré et de Nikki, villes qui devaient devenir, la première surtout, le centre de la rébellion. Cependant, comme il ne s'agissait encore que d'exploration et de traités et que les Européens venaient à eux les mains pleines de cadeaux, ils purent circuler facilement. Peu à peu même on finit par faire accepter au chef de Parakou une poste de milice, qui était le premier jalon de l'occupation d'un pays qu'il fallait disputer à l'Angleterre. Mais, travaillés toujours par le chef de Péréré, les Baribas voyaient avec déplaisir l'extension de notre influence, non pas au point de vue français, en particulier, mais au point de vue « blancs », en général.

Dans les premiers mois de 1896, un fonctionnaire de la colonie parti en explorateur, sans escorte, accompagné de ses seuls domestiques, fut assassiné. Le mobile du crime fut, dit-on, la cupidité, mais surtout la haine du blanc. L'insuccès d'une colonne de milice, qui eut lieu ensuite et où un blanc trouva la mort, accrut l'insolence des Baribas. Cependant, quelques chefs acceptèrent les petits postes qu'aux mois de janvier et de février 1897 le lieutenant de vaisseau Bretonnet fonda à Schori, Bori, Saoré, Bouay et Kandy. Cet officier, qui était résident du Moyen-Niger, en fonda sur la rive droite du fleuve trois autres, à Boussah, Gomba et Ilo, mais habités par des races différentes, ces pays ne prirent point part à la rébellion.

Les choses en étaient là quand la mission Ganier fonda, au mois d'avril, son poste à Kuandè. Mais, pendant que le roi de ce pays acceptait nos services, nous apprenions qu'à l'instigation du roi de Péréré, les faibles postes de 3 à 10 hommes qui existaient à Schori, Bori, Saoré, Bouay et Kandi avaient été mis en mesure de partir. Le Gouverneur de la colonie fut averti de la situation et la mission était rendue à son point d'attache, Kodjar, quand elle reçut l'ordre de refonder le poste de Kandy et de créer celui de Banikoara sur la riche route de caravanes qui va d'Ilo à Kuandè. Déjà réduite par ses postes de Kuandè et de Konkobiri et par le concours de 25 hommes prêtés à la mission Baud, obligée d'occuper solidement Kodjar, la compagnie dut se borner à envoyer une reconnaissance, dont je faisais partie, sur Banikoara et Kandy. Le chef nous laissa établir un petit poste dans la première de ces villes, et dans la seconde nous fûmes reçus fort hypocritement par le premier ministre du roi. Celui-ci ne parut pas. On nous leurra par des récits fantaisistes, on nous laissa refaire un poste de 15 tirailleurs sous les ordres du sergent fourrier, et le reste de la reconnaissance, sous les ordres du sous-lieutenant Drot, revint à Kodjar. Huit jours après, nous vîmes arriver le lieutenant de vaisseau Bretonnet avec sa petite colonne. Il ramenait le poste, après avoir brûlé Kandy. Déjà cet officier, au mois de mars et d'avril, avait battu les Baribas à Oua-Oua et à Zali pour le compte du roi de Boussah, son allié. Instruit de l'évacuation de ses postes et ayant appris que les Baribas se concentraient pour attaquer nos 15 hommes, qu'ils croyaient bien tenir, il était revenu à marche forcée et, après quatre heures de combat, avait, avec ses 60 hommes, pris d'assaut et brûlé le Ouangara de Kandy, défendu par un haut tata.

Ce combat coûta la vie à un milicien, et un tirailleur de la 8e compagnie fut blessé. De ce jour, la guerre fut ouvertement déclarée et on changeait de politique. Ce que la magnanimité n'avait pu faire, la force des armes allait l'obtenir. Le 5 juillet les Baribas attaquaient le poste de Kuandè qui ne comptait que 17 tirailleurs sous les ordres du sous-lieutenant Aymès. Celui-ci repoussa toutes les attaques de l'ennemi avec une partie de ses hommes pendant que le reste tournait le village et le brûlait, après quatre heures d'un combat violent qui ne nous coûta pas un blessé. Toute la ligne de villages de Nioro à Nansougou se souleva à son tour.

A Nioro, 4 tirailleurs attaqués traversèrent les rangs de l'ennemi en lui tuant plusieurs hommes. A Guilmaro, la compagnie eut 1 tirailleur tué et 1 sergent indigène blessé de 3 flèches. Quoique blessé, ce sous-officier qui conduisait un convoi et qui avait eu 1 porteur tué et 6 porteurs blessés fit face à l'ennemi, lui tua plusieurs guerriers et ramena toutes ses charges. A Nansougou, un sous-officier européen que j'évacuais malade sur la côte fut attaqué avec un de ses camarades et 5 hommes d'escorte. Il fut blessé ainsi qu'un tirailleur et dut revenir à Konkobiri. C'était la généralisation de la révolte.

M. le sous-lieutenant Aymès sut y faire face. Son poste de Taïakou dans le pays Kafiri étant revenu; il se porta avec 7 hommes sur Nioro, surprit ce village et le brûla. Ayant reçu de Djougou 10 miliciens de renfort, il les laissa à Kuandè et avec 23 tirailleurs se porta sur Guilmaro, Lambounti et Nansougou et brûla ces villages.

Par ce coup d'audace, il rétablit la ligne de courriers des trois missions du Nord. La ville de Birni était seule restée fidèle. La prise de Kuandè ramena quelques soumissions.

Pendant qu'avaient lieu ces événements, le gouverneur faisait venir des renforts du Sénégal, car les effectifs des missions étaient trop faibles pour occuper le Gourma, le Moyen-Niger et faire face à la fois à l'insurrection de Borgou.

Le capitaine Vermeersch, rappelé de la mission Baud, fut nommé résident du Borgou. La 8e compagnie, obligée de rester au Gourma, avait envoyé cependant quelques renforts au sous-lieutenant Aymès. Il y avait alors à Kuandè 50 miliciens et près de 60 tirailleurs. Mais cela n'était pas suffisant. Le capitaine Vermeersch choisit 60 porteurs dahoméens, qui formèrent un peloton de «Djedjs» et 25 hamacaires. C'étaient 75 hommes braves et capables de manier convenablement un fusil au bout d'un mois de travail assidu. Vers le milieu de septembre, pouvant disposer de 180 fusils et laissant une petite garnison à Kuandè, il se dirigea sur Ouassa, à quelques jours de cette première ville. Les gens de Ouassa travaillés par Péréré n'avaient cessé de pousser Kuandè à la révolte. La saison était défavorable aux opérations, le pluie tombait encore, les eaux des rivières étaient fort hautes et la brousse épaisse empêchait de voir un peu au loin. La colonne eut à surmonter ces difficultés. Aidée des Baribas alliés et d'auxiliaires du Gourma, elle construisit deux ponts sur deux grosses rivières. Elle livra à l'ennemi deux violents combats, où les Baribas, en grand nombre, entourèrent le carré et s'élancèrent plusieurs fois sur ses faces. Le premier combat, où, malgré sa marche prudente, la colonne fut surprise dans les hautes herbes, vit 5 hommes mourir de leurs blessures, dont 3 de la 8e compagnie. Le second coûta 1 mort. Il y eut 13 autres blessés, tirailleurs, djedjs, hamacaires, soldats ou porteurs. Ces djedjs et ces hamacaires improvisés soldats se battirent bien. Les pertes de l'ennemi furent très grandes. Une troisième rivière à franchir comme les premières et le manque de cartouches obligèrent la colonne à revenir à Kuandè. Le 5 septembre, avait eu lieu l'attaque du village de Gountéré où la 8e compagnie eut 1 tué et 1 blessé.

A Kuandè, il était décidé qu'on attendrait au moins le milieu de novembre pour reprendre les opérations. A ce moment, en effet, l'harmattan commence à souffler, desséchant tout sur son passage, et les indigènes brûlent la brousse, ce qui est un appui considérable.

Mais la nouvelle de la marche d'une colonne anglaise, qui venait occuper un pays que la Grande-Bretagne n'avait jamais songé à réclamer jusque-là, obligea le gouverneur à brusquer les choses. Il fallait arriver à Nikki, capitale du Borgou. On occupait ainsi diplomatiquement un pays dont on tenait la capitale. C'était d'ailleurs dans cette région qu'avaient eu lieu *les meurtres de Français qui avaient attiré l'expédition.*

Le restant de la 8e compagnie dont je faisais partie, rendu libre par l'accord franco-allemand du 22 juillet qui laissait le Gourma à la France, arriva à Kuandè dans les premiers jours d'octobre. On rejoignit à Parakou les renforts arrivés du Sénégal et de la côte. Le lieutenant Drot restait au commandement de Kuandè avec 50 tirailleurs et miliciens. Les renforts comprenaient une compagnie de 170 tirailleurs auxiliaires sénégalais, avec cadres du régiment, le tout sous les ordres du capitaine Dumoulin et du lieutenant Morin, de l'infanterie de marine, et une demi-compagnie de 50 tirailleurs auxiliaires haoussas sous les ordres du capitaine Duhalde et du sous-lieutenant Moncorgé.

Le capitaine Ganier prenait le commandement et avait pour chef d'état-major le capitaine Vermeersch.

J'assurais le service de santé avec deux infirmiers sénégalais.

La colonne comptait 14 Européens, 405 fusils et 180 porteurs. Les opérations allaient avoir lieu dans une brousse fort haute; les villages étaient complètement dissimulés. Les Baribas, s'ils suivaient la même tactique qu'à Ouassa, devaient venir attaquer la colonne et l'envelopper. 600 hommes à la file indienne, suivis de presque autant d'alliés mal armés et encombrants, auraient formé une trop longue colonne, coupée inévitablement et qui n'aurait pu se former à temps en carré.

Le commandant de la colonne et son chef d'état-major résolurent de marcher sur six colonnes, de telle sorte que le carré fût toujours formé en quelques minutes.

La colonne comprenait trois groupes :

Le premier, sous les ordres du capitaine d'infanterie de marine Chambert, du lieutenant Aymès et de l'inspecteur de milice Veisseyres, comprenait la 8e compagnie de tirailleurs sénégalais, une section de milice, une section de hamacaires armés.

Le deuxième groupe comprenait toute la compagnie auxiliaire sénégalaise.

Le troisième comprenait la demi-compagnie de tirailleurs haoussas auxiliaires et le peloton de 60 djedjs, sous les ordres de l'inspecteur de milice de la Villeléon. Deux sous-officiers européens et un garde de la milice, M. Lan, achevaient de compléter le personnel blanc.

Les colonnes marchaient dans la brousse, précédées d'éclaireurs. L'ambulance seule restait sur le sentier. On n'avançait qu'avec la plus grande prudence et on ne marchait que le matin.

De toutes les façons, l'ennemi trouvait instantanément des fusils partout. Les sections de tête et de queue faisant « A gauche, en ligne » fermaient leurs faces. Les alliés rentraient dans le carré qui se refermait sur eux.

La colonne quitta Parakou le 4 novembre au matin et livra un premier combat le même jour, à 3 heures et demie, au village de Bégourou. Elle eut cinq blessés. Il en mourut un. L'ennemi eut de grosses pertes. Brûlant tout sur son passage, la colonne se heurta le 8 novembre, à 9 heures et demie du matin, à toute l'armée ennemie, forte de 6 à 7,000 hommes, chiffre établi d'après le nombre des villages qui prirent part à l'action. Le chef de Péréré, notre plus acharné adversaire, était à la tête de cette foule. Les Baribas nous attaquèrent sous bois, près des ruines de Tiraré, entre Guinagourou et Schori. Fidèles à leur tactique et forcés par leur grand nombre, ils enveloppèrent le carré. Leurs gros efforts se portèrent sur le flanc droit et sur la face arrière qu'ils croyaient bien surprendre; mais tous leurs efforts ne purent entamer le carré et, au bout d'une heure et demie de combat, ils étaient en pleine déroute, avec des pertes nombreuses.

Nous avions 14 blessés; il en mourut 1. Si nous ne souffrîmes pas plus, malgré l'acharnement de l'ennemi, c'est qu'un grand nombre de flèches se fichèrent dans les arbres et que le feu violent du carré tenait les Baribas à distance.

A la suite de ces combats, la colonne entra sans coup férir à Péréré et à Nikki. Un fort fut construit dans cette capitale du Borgou et le vieux roi vint faire sa soumission et signa un «Acte» par lequel il reconnaissait le protectorat de la France et l'impuissance dans laquelle il avait été d'empêcher le meurtre des Français, qui avait attiré l'expédition. Une reconnaissance alla brûler les villages de Yassikérah et de Bétay. Une escarmouche qui eut lieu dans ce dernier village nous coûta 2 blessés. Du côté de Kuandè, le lieutenant Drot, avec 50 hommes, repoussait les gens de Ouassa, qui étaient venus mettre le siège devant le poste. Au bout de cinq jours, ils durent lâcher prise. De notre côté il y eut 3 blessés, il en mourut 2.

Le 10 décembre, arrivait le commandant Ricour, chef de bataillon de l'infanterie de marine, qui portait le titre de commandant supérieur du Haut-Dahomey. Le 17 décembre, il se porta avec la colonne sur Kayoma afin de faire sa jonction avec la mission du Moyen-Niger, sous les ordres du lieutenant de vaisseau Bretonnet. Cet officier avait encore dû attaquer les Baribas, qui venaient l'inquiéter à Kayoma, où il avait fondé un poste. Avec 72 fusils et trois Européens, M. Caron, inspecteur de 1re classe de la milice, son second, M. Carérot, inspecteur de 3e classe de la milice, M. de Bernis, maréchal des logis de spahis, il se porta sur Moré et Barou. Il livra aux Baribas trois combats successifs et victorieux le 13 et le 14 septembre. Malheureusement, M. Carérot fut tué ainsi que cinq miliciens ou tirailleurs de la 8e compagnie et 25 hommes furent blessés, dont 4 de la 8e compagnie.

Une fois cette jonction effectuée, le commandant Ricour

revint à Nikki et, le 30 décembre, il envoya une reconnaissance de 160 fusils sous les ordres du capitaine Ganier, du lieutenant Aymès et de l'inspecteur de milice Brot, reconnaissance que j'accompagnais, afin de s'emparer du village fortifié d'Allio, où s'était refugié avec ses partisans Chaka Yerouma de Péréré, qui menaçait notre ligne de courriers. La colonne se présenta le 31 décembre, à 9 h. 30 du matin devant un solide tata, qui fut pris d'assaut au bout de deux heures de combat. Chaka fut tué. Mais le capitaine Ganier, le lieutenant Aymès et 16 hommes étaient blessés. Il n'en mourut que 2 ; 17 de ces blessés le furent par flèches empoisonnées et un seul par un coup de feu. C'est la première fois que je vis les Baribas se servir sérieusement de leurs mauvais fusils à pierre et même de fusils 1874. Le 2 janvier, une nouvelle reconnaissance de 160 fusils, que j'accompagnais encore, se porta sur un tata de 4 kilomètres de circonférence que les rebelles avaient élevé à Barou. Mais la nouvelle de la prise d'Allio et de la mort de Chaka avait ébranlé les courages. Tout était évacué. Le village de Ouénou vint faire sa soumission; celui de Bori, qui avait chassé un des postes du lieutenant de vaisseau Bretonnet, fut trouvé évacué et livré aux flammes. Au mois de janvier, le commandant Ricour se porta sur Boussah sur le Niger, afin de faire la relève de la mission Bretonnet. La colonne prit la route de Nikki-Ouénou, Sambavi, Sakamandji, Péhangon, Dékala, Yagbasson, Garousi et Goubli. A Yagbasson [1] un fort fut construit et une garnison y fut laissée.

Au village de Loumina, la colonne entra dans les états du roi de Boussah, notre allié, traversa Zali et arriva à Boussah. La race qui s'étend d'Ilo au Sud de Kayoma est différente des Baribas. Ce sont les Boussangarés, qui habitent la rive droite du Niger, mélangés avec des Peuhls. Comme aspect ils ne m'ont pas paru différer beaucoup des Baribas, mais leur langue n'est pas celle de Borgou. Ils m'ont rappelé les Mahis par leurs caractères physiques. Les rois de ces pays nous ont toujours vus avec plaisir et ont été les premiers à demander l'aide du

[1] Le fort Forget.

lieutenant de vaisseau Bretonnet. Au-dessus d'Ilo la rive droite est habitée par les gens du Dendi. Je ne peux parler de ce pays, car je n'y ai pas été; le Dendi s'étend jusqu'à Say. La mission Baud occupait cette province et le capitaine Baud dut avec 34 fusils se battre à Madécali. Il fut blessé au coude gauche, eut 1 blessé et 1 tué.

La colonne, quittant Boussah, revint à Nikki par Oua-Oua, Calé, Kayoma, Yassikéra et Bétay.

Dans les premiers jours de février, la soumission du Borgou était presque achevée dans tout le Sud de la province.

La 7e compagnie de tirailleurs sénégalais arriva à Nikki. Le capitaine Ganier, le lieutenant Aymès, blessés et malades furent évacués; la 8e compagnie descendit à son tour après onze mois d'une mission remplie par des marches perpétuelles et par plusieurs combats.

Si l'on jette les yeux sur la carte de la boucle du Niger, on peut voir quelle étendue relativement considérable de terrain répond à la dénomination de Haut-Dahomey. Cette nouvelle colonie commence, à l'heure actuelle, un peu au-dessous du 9e degré de latitude où se trouve Carnotville et s'étend jusqu'à Botou au 13e degré. En longitude, elle répond à environ 5 degrés. Elle comprend (février 1898) les pays des Kodokolis, des Kafiris, le Gourma, le Dendi, les pays de Boussah, d'Ilo, le Borgou et le Schabé. Un grand nombre de postes y sont répartis et la plupart d'entre eux ont à leur tête des Européens.

40 Européens et environ 800 hommes de troupes régulières et de milices occupent le Haut-Dahomey. Je ne parle pas des porteurs qui sont joints aux missions et à la colonne. Il y en a environ 5 à 600.

Ce chapitre étant exclusivement médical, je dois prendre certains chiffres comme base des statistiques que je vais établir. Ces chiffres seront des moyennes et ne porteront, on le comprendra, que sur des fractions. Seul médecin, en effet, du Haut-Dahomey, du mois d'avril 1897 au mois de février 1898, il m'aurait été difficile d'être partout à la fois. Je suis toujours resté avec la principale fraction des missions, c'est-à-dire avec la

8e compagnie de tirailleurs sénégalais d'abord, quand elle avait son indépendance, et ensuite avec elle et les autres éléments qui composaient la colonne expéditionnaire du Borgou. J'ai vu presque tout le Haut-Dahomey, j'ai pu donner mes soins à presque tous les postes, mais d'une façon passagère.

Pour les Européens que j'ai vus presque tous, je prendrai comme base de statistique le chiffre de 40.

Pour les indigènes, je serai obligé de prendre des nombres différents selon que je parlerai d'affections médicales ou de blessures de guerre. Dans le premier cas, je considérerai le chiffre de 405 hommes armés de fusils et 180 porteurs, effectif le plus élevé auquel j'ai eu, à la fois, à donner mes soins. Et encore, le perpétuel va-et-vient des reconnaissances, des courriers, des convois, des rapatriements fait-il que ces nombres sont loin d'être rigoureusement exacts — au point de vue «blessures de guerre» ma statistique, que j'ai pu établir au moyen de tous les renseignements des diverses missions, porte sur un total de 664 hommes ayant combattu, soit à notre colonne, soit dans les postes, soit à la mission Bretonnet. On trouvera plus loin le tableau complet de ces différents combats.

L'occupation de la boucle du Niger ne date que du mois de janvier 1897. La pénurie extrême des médecins du cadre colonial en service au Dahomey explique que, venu moi-même d'office dans cette colonie, je me trouvais seul chargé d'assurer le service de santé de notre nouvelle occupation. Aujourd'hui la situation n'a pas changé, les postes de la côte n'ont point tous de titulaires et, jusqu'à Savalou, on ne trouve plus de médecin. A partir de Carnotville et de Djougou, les officiers et fonctionnaires malades ne peuvent plus avoir recours qu'au médecin unique du Haut-Dahomey. Il faut dire que tous les postes possédant des résidents français sont approvisionnés trimestriellement de médicaments et possèdent des instructions médicales. Malheureusement, cela ne suffit pas toujours et il est des provinces, comme le Gourma, comme le Dendi, qui, par leur éloignement de Nikki, centre actuel des opérations de la colonne, n'ont pas à espérer de secours du médecin.

Il m'est donc permis de souhaiter que, lorsque la nouvelle acquisition de la France, en Afrique, sera organisée et que les conventions auront réglé les questions en litige, la colonie du Dahomey portera son attention sur le Haut-Pays où la présence de deux officiers du corps de santé, au moins, est indispensable. L'un pourra se déplacer et l'autre assurera d'une manière fixe le service de l'ambulance que le commandant supérieur a l'intention d'établir à Parakou.

La création de cette ambulance s'impose. Le Haut-Dahomey, je le dis dès maintenant, est soumis aux mêmes conditions climatologiques et possède la même constitution médicale que le Soudan. Déjà les Européens ont payé leur tribut à la maladie et à la mort. Le paludisme, la dysenterie sont deux redoutables adversaires. Les hommes sont et seront, comme au Soudan, quelque temps encore nos ennemis.

On ne peut donc demander à des Européens de lutter contre tous ces éléments sans penser à leur assurer des secours médicaux et des consolations morales. L'espoir de trouver l'un et l'autre, qui sont inséparables de la profession du médecin, surtout dans ces pays lointains, encouragera officiers et fonctionnaires à mener à bien la tâche civilisatrice qui leur est demandée. Si leur état exige leur renvoi à Porto-Novo, ils trouveront dans cette ambulance un repos et des soins qui leur permettront de gagner la côte dans de bonnes conditions; si leur santé est seulement ébranlée, ils pourront remonter dans le Nord, une fois qu'ils seront suffisamment rétablis. Le siège de cette ambulance future est prévu à Parakou. Cette ville se trouve à peu près à mi-chemin de la côte et des limites nord de la colonie. C'est l'avantage du Haut-Dahomey d'avoir des postes dont le plus éloigné, Fada N'Gourma, est au plus à quarante jours de Porto-Novo, et encore il est probable que cette distance diminuera quand on aura pu établir, par la connaissance du pays, les routes les plus directes. Parakou est le nœud d'où partiront les principales routes du Borgou et du Moyen-Niger. Le poste ne m'a pas paru malsain.

CONSIDÉRATIONS SUR LES MARCHES.

Dans l'accomplissement d'une mission en Afrique, les marches sont la chose la plus importante. Au point de vue de l'hygiène, que de choses le médecin peut avoir à considérer? Que de conseils à donner! Ces conseils, tout le monde doit les entendre, tous les médecins doivent les propager. Or, peut-on les appliquer rigoureusement? Non, je ne crains pas de le dire et le médecin doit savoir, tout en prenant les intérêts de la santé des hommes qui lui sont confiés, se plier aux exigences de la mission que le commandement a à remplir. Or, la 8e compagnie devait, sous les ordres du capitaine Ganier, marcher de façon à disputer aux étrangers, certaines villes réclamées par la France. Il en était ainsi pour Kuandè, Kodjar et Konkobiri. Pour répondre à ce but, il fallait marcher vite. La moyenne des marches était de 9 heures par jour. La compagnie partait à 5 h. 30 du matin et s'arrêtait vers 10 h. 30 ou 11 heures. Elle repartait à 2 heures de l'après-midi pour camper vers 6 heures.

Ces marches, sauf en certaines circonstances rares où on a dû les dépasser, arrivent à se faire assez facilement. Elles sont excessivement pénibles au début. Ce n'est pas impunément qu'on passe d'une vie tranquille de garnison ou de poste à la vie active d'une colonne, mais on prend vite l'habitude. On peut les exiger de compagnies indigènes. Elles seraient impraticables avec des Européens. Au début même, elles étaient très fatigantes pour les Sénégalais, excellents soldats, mais mauvais marcheurs.

Nous avons quitté la côte à la fin de mars 1897. Nous avons donc marché en saison sèche, et dans ces conditions, il arrive parfois que l'étape est plus longue par l'absence d'eau. J'ai dû intervenir un jour pour arrêter la marche de la colonne l'après-midi, car le matin on avait dû marcher 7 heures sans avoir une goutte d'eau. Rendus à une mare, il aurait été difficile d'exiger, même de noirs, une plus longue marche alors que le résultat de la première se chiffrait par deux accès de fièvre chez des sous-officiers européens, que onze porteurs étaient à moitié morts de chaleur et qu'un décès s'était produit chez un porteur qui fut presque foudroyé. Je dois dire que de pareilles marches ne se sont pas souvent reproduites, et d'une façon générale, on les a bien supportées.

Si les marches sont pénibles à la saison sèche, que dire de celles que nous avons entreprises pendant l'hivernage. Nous avons été perpétuellement en route avec la 8e compagnie; tout compte fait, du mois de mars 1897 au mois de février 1898, je trouve à peine trois mois et demi de séjour dans les postes. Encore faut-il ajouter que, de ces postes, partaient continuellement courriers, convois et reconnaissances et que la 8e compagnie venait du Fouta-Djallon où elle avait fait six mois de colonne.

Pendant l'hivernage, les marches sont extrêmement pénibles. Tous les marigots qui, pendant la sécheresse, faisaient au début notre désespoir, devenaient autant de torrents. Une eau à courant violent court sur des roches entassées. Pas de ponts. Les berges sont des marécages, la brousse atteint une grande hauteur. Ce n'est que boue et que pluie. Les porteurs reculent autant qu'ils avancent, le passage des rivières prend un temps infini. La nuit, des tornades et des pluies violentes viennent vous empêcher de goûter un repos bien désiré.

Les Européens ont, dans les premiers mois de la mission, accompli les marches à pied, la plupart du temps. Il y avait 4 officiers européens et 7 sous-officiers blancs. Nous disposions de 5 hamacs qui servaient également aux malades. Ces hamacs ont été mis en commun entre les officiers et les sous-officiers. Quand la mission arriva à Kodjar à la fin de mai, elle pût avoir quelques chevaux. Mais ces animaux ne vivent qu'avec de grands soins et ces marches continuelles les rendaient souvent inutilisables. Je dois dire que les Européens n'ont réellement été placés, au point de vue *marches*, dans de bonnes conditions qu'au moment de la colonne du Borgou, c'est-à-dire au mois de novembre. Alors tous les officiers et les sous-officiers ont eu des chevaux. Les hamacaires, nombreux et disponibles, assuraient le service indépendant de l'ambulance. Je conclus donc en disant que ces marches en mission peuvent se faire à condition : 1° que, dès le début tous les Européens aient chacun leur hamac et ensuite soient montés, ce qui aurait évité beaucoup de fatigue; 2° qu'on se trouve avoir sous la main des troupes indigènes; 3° que le moins grand nombre possible d'Européens fasse partie de ce genre de mission exigeant *des marches en toutes saisons, surtout pendant l'hivernage.* Nous avions eu la sagesse de laisser à la côte les deux clairons européens de la compagnie. Les sous-officiers ont vu mourir un des leurs; j'en ai évacué deux sur la côte et je n'hésite pas à dire que les quatre autres n'ont résisté que parce que les uns sont restés dans les postes et que les autres ont été traités pour la nourriture et le bien-être relatif, qu'on peut se procurer dans ces pays, sur le même pied que les officiers. Sans chevaux, sans hamacs, sans larges moyens d'achats de vivres variés, ils n'auraient pu continuer la mission.

Les routes ne sont pas très fatigantes dans le Haut-Dahomey. En effet, on trouve de l'eau assez fréquemment en dehors des sécheresses extrêmes; le pays est naturellement plat; la monotonie du paysage est désespérante; on chemine au milieu de plaines étendues plantées d'arbres rabougris. En saison sèche, la brousse est brûlée; pendant l'hivernage, la route disparaît au milieu d'herbes fort hautes. On ne voit rien et on est transpercé par la rosée jusque vers 8 ou 9 heures du matin.

De Kuandè à Kodjar, on a à franchir le massif montagneux de l'Atacora. De Couble à Boussah, de Boussah à Kayoma la route est fatigante. Ce n'est qu'une succession de ravins et de plateaux avec de grandes rivières.

Les marches étaient entrecoupées de haltes. Horaires au début, elles n'avaient plus lieu que toutes les deux heures ou deux heures et demie, à mesure que la colonne était plus entraînée; on ne peut fixer aucune règle à ce sujet, car on peut demander à des noirs plus d'efforts qu'à des Européens. Toutefois, je crois qu'une halte toutes les deux heures, surtout pour les porteurs, est indispensable.

Les marches de nuit ou du matin, avant le lever du soleil, n'ont jamais donné de bons résultats. Il se produit un grand allongement dans la colonne. Les porteurs hésitent à poser leurs pieds l'un devant l'autre, et un moment arrive où on perd le bénéfice de ce départ anticipé par le temps qu'on met à rétablir l'ordre dans le convoi.

La colonne bivouaquait en dehors des villages et à proximité de l'eau. Je reviendrai sur cette question au sujet de chaque poste en particulier. Dès maintenant, je dirai que l'eau est plus ou moins potable suivant les régions ou de village à village. Quand on le pouvait, on s'adressait aux sources, mais elles sont rares. La plus remarquable est celle de Zagnanado dans le Bas-Dahomey; dans le Haut-Pays, on en trouve à Kuandè et à Kodjar.

En général, on s'adressait aux cours d'eau; dans ce cas, on trouvait une boisson assez propre, sauf après les grandes pluies où beaucoup de rivières charrient une eau boueuse. Nous n'avions pas de filtres. Les bougies Chamberland que je possédais ne sont pas pratiques pour la marche; l'alunage est excellent, mais le procédé est trop long.

Toutes les fois que cela m'a été possible, j'ai fait bouillir l'eau pour les Européens et c'est une pratique que je recommande, surtout dans les postes où, pendant la saison sèche, il peut arriver qu'on soit obligé d'avoir recours à l'eau des trous ou des puits.

Les trous conservent de l'eau de l'hivernage et je n'ai pas besoin d'insister pour qu'on s'en méfie *a priori*. Quant aux puits, tout le monde sait combien ils sont rudimentaires, à fleur de terre et non cimentés. Les femmes pataugent aux alentours, lavent le linge, une boue liquide et savonneuse s'y écoute perpétuellement. Dans les postes possédant des puits, si l'on ne peut les cimenter, on peut au moins défendre l'ouverture par des murs circulaires en terre de barre sur lesquels on jettera des couvertures en paille ou en bois.

CONSIDÉRATIONS MÉTÉOROLOGIQUES.

J'ai constaté deux grandes saisons dans le Haut-Dahomey, la saison des pluies, qui a été bien établie vers le milieu de juin et qui a duré jusque dans les dix premiers jours d'octobre, et la saison sèche qui a commencé à cette époque et qui a duré jusqu'en avril, sans une goutte d'eau. Dans les mois intermédiaires, on observe de fréquents orages qui viennent l'après-midi; ce sont aussi les mois des tornades violentes qui débutent, en général, dans la nuit ou sur le matin, suivies d'une pluie diluvienne.

Les vents qui règnent, en général, dans le Haut-Dahomey, sont ceux du Sud et surtout du Sud-Ouest. Les vents qui amènent les tornades sont ceux d'Est et du Nord-Est. Ce sont eux également qui, dans le Haut-Pays, commencent à souffler dans les premiers jours d'octobre et cessent vers le commencement de mai. C'est le vent de Nord-Est qui constitue l'harmattan. A la côte, au contraire, on ne l'observe guère qu'en janvier et en février et d'une façon irrégulière. Dans le Haut-Dahomey je l'ai vu souffler six mois environ, embrumant tout, couvrant tout d'un sable fin. Brûlant et sec le jour, glacial la nuit, il a contribué largement, en étant la principale cause occasionnelle de la grippe qui a durement frappé la colonne, au mauvais état sanitaire que j'ai observé pendant ce laps de temps.

Pendant l'hivernage, je peux dire que les indigènes n'ont eu besoin de soins qu'au point de vue presque exclusif de la clinique externe. A ce moment, les plaies, les ulcères accaparent toute l'attention. Au contraire, les Européens ont été frappés par la fièvre et par la dysenterie.

Pendant la saison sèche, quoique non à l'abri de ces affections, les Européens se sont relativement mieux portés, mais les noirs ont souffert au même titre que nous, quand nous avons affaire à un hiver rigoureux de nos pays.

Comme au Soudan, on se trouve donc en présence de deux grandes saisons. La plus mauvaise, l'hivernage, a vu mourir trois Européens; la saison sèche doit être choisie comme le moment le plus propice pour entreprendre une opération quelconque, maintenant que ces pays sont effectivement occupés et peuvent recevoir quelque organisation. En dehors de simples opérations de police ou de déplacements indispensables, les marches sont formellement à déconseiller de juin à mi-octobre.

POSTES DU HAUT-DAHOMEY.

Les postes actuellement occupés dans le Haut-Pays sont les suivants :

Résidence du Borgou et du Schabé. — Carnot-Ville, Parakou, Nikki, Yassikérah, Bétay, Yagbasson, Bouay et Kandy, Kayoma.

Résidence du Djougou. — Djougou.

Résidence de Kuandè. — Kuandè.

Résidence du Gourma. — Fada N'Gourma, Matiacouali, Botou, Pama, Konkobiri.

Résidence du Moyen-Niger. — Carimama, Ilo, Gomba, Roufia, Boussah, Oua-Oua, Calé, Kitchi.

Je parlerai principalement des postes que j'ai vus ou que j'ai habités et de ceux qu'occupent des Européens. Je n'en parlerai évidemment qu'au point de vue médical et ceux que je condamnerai le seront exclusivement à ce titre.

Poste de Carnotville. — Établi au village d'Akbassa, dans la province du Schabé, il est depuis assez longtemps occupé par trois Européens : un résident, un garde de la milice et un receveur des postes.

Il est situé dans une profonde cuvette formée par des chaînes de montagnes qui l'enserrent à peu de distance. Il y règne des différences extrêmes de température, la chaleur est excessive le jour; le soir, on sent un froid pénétrant tomber sur les épaules dès le coucher du soleil. Des brouillards épais existent dans cette vallée, et principalement vers l'Est, où coule l'Ofè (nom donné à l'Ouémè dans son cours supérieur). L'Ofè n'est qu'à trois quarts d'heure de marche du poste. Les eaux de pluie stagnent pendant l'hivernage entre ce poste et le fleuve et, à la fin d'octobre, au moment de l'évaporation de ces marécages, l'état sanitaire est excessivement malsain. Les vents de Sud-Ouest, qui dominent dans le pays, arrivent chargés de miasmes palustres.

Lorsque la colonne venant de Kuandè alla faire sa jonction avec celle de Parakou, elle traversa Akbassa et s'arrêta deux jours au poste. J'eus à donner mes soins à trois Européens, sur quatre qui s'y trouvaient à ce moment. L'un était atteint d'anémie profonde qui exigea son retour à la côte et son renvoi en France; les deux autres, de bilieuse hématurique.

Je condamne formellement ce poste et je ne peux que souhaiter, ce qui n'est pas improbable, son abandon par les Européens.

L'eau est prise à un cours d'eau situé avant d'arriver au village ou à l'Ofè.

Poste de Parakou. — Il s'élève en avant de la ville indigène sur un léger plateau. De nombreux champs cultivés et plusieurs villages le précèdent. La région est bien moins marécageuse qu'à Carnot-Ville. Un résident européen et cinquante miliciens occupaient ce poste avant la colonne du Borgou. Il sera le siège de la résidence du commandant supérieur, du médecin du Haut-Dahomey et comprendra quatre à cinq Européens. L'ambulance y sera établie. La ville est grande, renferme des étrangers, possède quelques ressources au point de vue de la nourriture. En dehors du troupeau du poste, on trouvera aux alentours des villages peuhls qui pourront fournir du lait pour les malades.

Une rivière où on prend l'eau se trouve entre la ville et le poste. L'avantage de celui-ci est qu'il est assez isolé du village sur la propreté duquel il y aurait pas mal de choses à dire, comme pour toute ville indigène. Parakou est à environ quinze jours de la côte. Ce sera un nœud de routes très important. Les cases du poste sont en terre de barre, tant pour les Européens que pour les indigènes. A Carnot-Ville, les Européens étaient seuls logés dans des cases ainsi construites. Je ne peux qu'approuver l'emploi et que désirer la généralisation de la terre de barre pour l'édification des cases et, plus loin, quand j'aurai terminé ces réflexions sur les postes, je reviendrai sur les demeures des Européens dans le Haut-Dahomey.

Poste de Nikki. — Son état primitif : Au moment de mon

départ, ce poste n'était pas encore dans l'état auquel il doit définitivement répondre. D'abord, il ne doit comprendre qu'un résident européen et il aura une garnison de 70 à 80 hommes. Il ne renfermera que les locaux indispensables, nouvellement créés. Mais, jusqu'à présent, il a dû abriter la colonne, c'est-à-dire plus de 400 hommes armés. Je vais donc le présenter d'abord dans son plan actuel, ensuite tel qu'il va rester.

Ses défauts actuels vont disparaître peu à peu, pour le plus grand bien de tous, au fur et à mesure que l'hygiène pourra reprendre ses droits, qu'elle ne perd jamais, mais qui doivent se plier un moment aux nécessités des colonnes.

Il fallait, en arrivant à Nikki, élever rapidement un fort pour prouver aux Baribas notre occupation et pour répondre aux instructions du gouverneur. Il en résulte qu'on a dû s'adresser primitivement pour abris à des locaux existant déjà, afin de loger les Européens de la colonne. C'est autour de ces locaux que le fort et le poste futur se sont élevés. On prit le groupe désert et peu brillant des cases du roi qui formaient un hameau au milieu de ceux qui, disséminés de tous les côtés, constituent la capitale du Borgou. Ces cases avaient besoin de bien des modifications pour protéger des Européens. On les utilisa dans le but de se mettre surtout à l'abri du froid violent de ce début de novembre.

C'étaient des cases rondes en terre de barre avec toit en paille. Pour y entrer, il fallait s'accroupir, car la porte était fort basse. Il n'y a, en général, qu'une seule ouverture, qu'on obture la nuit au moyen de portes en paille tressée. Il est difficile, quand on ne l'a pas vu, de se faire une idée du désordre qui règne dans une case indigène, de la poussière que les années y accumulent, des quantités de calebasses, de poteries rarement utilisées qui l'encombrent. Le toit est noirci par la fumée des feux que les gens allument la nuit, en saison fraîche. Hommes, femmes, enfants s'y enferment. Chaque case abrite une famille et sa richesse.

Souvent encore ces cases, déjà basses et étroites, sont partagées par des murs en terre de un mètre de hauteur. Le fond de la case, le moins aéré, sert de chambre à coucher. Il n'y a guère que la case d'entrée de ces groupes de maisons qui mérite le nom d'habitation. C'est la salle de réception des étrangers. Le maître de la maison s'y tient, entouré de ses familiers et de ses enfants, couché sur une plate-forme cimentée. Au mur sont accrochées des armes et des mâchoires ou des cornes d'animaux, trophées des chasseurs. Deux portes se faisant face, ayant 1 m. 50 à 2 mètres de hauteur, y donnent accès. Ces cases ont souvent 2 mètres de haut sur les côtés, 4 à 5 mètres au centre et 5 à 6 mètres de diamètre. On comprend que, toutes les fois que nous avons pu coucher dans de telles cases, nous l'avons fait. Mais ici, il fallait nous répartir dans des cases ordinaires. Peu d'air, peu de lumière étaient leurs défauts. En outre, leur unique ouverture donnait sur une cour circulaire enserrée par des murs de hauteur d'homme qui reliaient ces maisons les unes aux autres. On commença par jeter ces murs par terre. On perça deux ouvertures dans chaque case de façon à établir un courant d'air. On détruisit les murs intérieurs, on brûla tout ce qui n'était pas utilisable. Toutes les cases furent reliées par une galerie couverte faisant une immense véranda intérieure avec toit en paillassons jetés sur de hautes fourches, ce qui laissait un courant d'air frais régner partout.

Puis on construisit le fort, qui consiste en une enceinte de 2 mètres de haut, à pic, avec un fossé extérieur de 1 m. 50 de de profondeur et des banquettes à l'intérieur pour permettre le tir. A l'abri de ce mur, les hommes élevèrent des gourbis en paille ouverts sur toute la face qui répondait au mur. Ces abris rudimentaires étaient tout ce qu'on pouvait faire au début. Ils abritaient les hommes du soleil mais ne les protégeaient pas du froid piquant du matin. Aussi la grippe a-t-elle frappé sérieusement la colonne.

Dès que le fort fut achevé et il le fut rapidement, tout le monde mettant la main à l'œuvre, on songea à élever pour les Européens un abri plus convenable et devant surtout être définitif.

Ce sont de grandes cases rectangulaires, en terre de barre, situées du côté Est du camp et parallèles aux faces Nord et Sud de celui-ci. L'une, la plus rapprochée de la face S, sert de magasin dans ses deux tiers et de logement au magasinier, qui était un Européen, dans son autre tiers. Ses murs ont environ 0 m. 15 d'épaisseur, 2 mètres de hauteur; sa largeur est de 4 m. 50 à 5 mètres et sa longueur de 9 à 10 mètres. Le toit est en paille. Il n'y a pas de véranda. Au centre, la hauteur de la case est d'environ 4 mètres. Elle est aérée par de petites fenêtres et deux grandes portes qui ouvrent sur la cour. Elle est au ras du sol.

La seconde case, qui a toujours été prévue comme logement d'Européens, est située sur la face Nord. Elle est plus haute d'un mètre que la précédente, plus longue et possède une véranda de 2 mètres de largeur qui la déborde sur toutes ses faces. Trois cloisons en terre de barre la divisent en trois pièces. L'air circule librement au-dessus d'elle sur toute la longueur de la case. Toutefois le toit n'est pas commun à la case et à la véranda. Des portes se faisant face et d'immenses fenêtres l'aèrent. Des nattes ou des étoffes servent seules à fermer ces ouvertures. Cette case est sur un petit plateau, car le sol est assez inégal dans la cour du poste. Elle surplombe la précédente et est de 0 m. 30 au-dessus du niveau de la cour. Le sol est formé de terre de barre battue.

Elle servira de logement au résident. Elle abritait le commandant supérieur et un officier. La pièce centrale servait de bureau.

Entre ces deux cases s'en élève une troisième sur la face Est; aérée par deux portes et deux fenêtres, elle est du même type que la précédente, mais elle est encore plus élevée au-dessus du sol et repose sur un terre-plein artificiel qui l'élève à 0 m. 60 au moins au-dessus du niveau de la cour. Le sol est formé de terre de barre battue. Elle a une large véranda. C'est la mieux comprise évidemment. Elle sera un excellent logement, surtout pour l'hivernage. L'idée et la construction de ces cases sont dues pour la plus large part au capitaine Vermeersch. Leur construction et le départ de quelques Européens pour la côte a permis d'abattre la moitié des cases rondes du pays qui encombraient la face Ouest du camp. Cette démolition a été pour tous un véritable soulagement en permettant au vent de Sud-Ouest de faire sentir son action par la large brèche ainsi ouverte.

Derrière le magasin, dans le terrain qui s'étend entre lui et l'angle des faces Sud et Est du fort, s'élèvent les cabinets réservés aux Européens. C'est une case ronde en terre de barre de 1 m. 50 de diamètre et 2 mètres de hauteur, avec toit élevé et débordant. Un mur de même hauteur, demi-circulaire, s'élève en avant d'eux à 0 m. 60 de la porte et les abrite contre le vent, la pluie, le soleil et les passants. Le système adopté est celui de la tinette mobile placée sous un siège en bois. Ces tinettes étaient constituées par de grandes jarres en terre du pays, au nombre de deux, qui alternaient chaque jour. Celle qui n'était pas utilisée était remplie d'eau ou de solutions désinfectantes. On les vidait très loin et de très bonne heure tous les matins.

Ces cabinets sont situés dans un angle du poste. Les vents qui règnent à Nikki sont ceux de N. E. et de S. O. Il en résulte qu'aucune des cases du camp n'en reçoit les émanations.

Les autres cases rondes du pays qui sont encore debout ne pourront disparaître qu'au fur et à mesure de la répartition des Européens dans les postes, quand la colonne aura cessé ses opérations militaires. Le commandant supérieur a mis deux de ces cases à la disposition du médecin. L'une sert de pharmacie et de salle de visite, l'autre d'ambulance avec quatre taras improvisés pour isoler et abriter les graves malades. Ce n'est pas brillant, mais c'est suffisant, et, depuis que j'ai eu ce local, j'ai constaté une guérison plus rapide et quelquefois sans complications pulmonaires chez des grippés qui auraient infailliblement présenté des signes de pneumonie ou de broncho-pneumonie, s'ils avaient dû rester sous leurs insuffisants abris de paille. Au fur et à mesure que l'encombrement diminuera et avec la cessation de l'harmattan, cette affectation reculera. En dehors du fort, sur la route de Nikki Ouangara, les hamacaires et les porteurs ont toujours été logés jusqu'à présent dans de méchants gourbis.

Poste définitif. — Aujourd'hui, tout cela commence à se modifier et le poste, tel qu'il va rester, est presque constitué entièrement. Il comprendra :

1° Le fort avec les cases en terre de barre citées plus haut;

2° Une immense case sur la place, à l'Ouest de celles-ci, pour la garnison du fort. Je souhaite que cette case s'élève en terre de barre et sur le plan proposé plus loin;

3° Des cases en paille bien abritées, mais avec de grandes portes en dehors du camp, à l'Ouest de celui-ci, et destinées à abriter les troupes de passage;

4° Une grande case pour les porteurs et une grande case pour les hamacaires (paillottes) de chaque côté de la route, sur la face S du camp;

5° Comme actuellement, les cuisines se font hors du fort.

Pour les cases des indigènes, l'utilité de la terre de barre se fait moins sentir que pour les Européens; néanmoins pour des cases définitives, la terre doit être adoptée.

On devra veiller à ce que les hommes ne couchent point sur le sol, et, pour cela, faire établir dans ces paillottes, ainsi que nous l'avons fait à Konkobiri, à Kuandè, de grands taras en bois et en paille propre. Ces taras sont à 1 mètre du sol et appuyés à la face opposée à la porte. Avec les tirailleurs, et surtout avec les porteurs, pour qui existe une case analogue, il faudra tenir la main à ce que ces gens n'apportent pas un tas de vieilles nattes, de vieilles calebasses, etc., sur lesquelles ils couchent et dont ils encombrent les cases. Ce sont là autant de causes de malpropreté et de danger, car il faut se méfier de la variole qui sévit plus ou moins dans ces pays. Qui a suivi une colonne sait combien il est difficile d'empêcher le noir, même le tirailleur, de piller. Ne rapporte-t-il qu'une vieille natte, il est heureux. Il la traîne avec lui et, avec elle, les germes de la poussière qu'elle contient. Dans son propre intérêt et dans celui des hommes, le médecin doit tenir la main à faire brûler tout produit de ce genre qui lui paraît suspect ou inutile.

Pour l'établissement d'un lit de camp pour les tirailleurs et les porteurs, lit de camp indispensable pour la saison des pluies, je crois que le meilleur système est celui qu'avait adopté, au poste de Kayoma, le lieutenant Morin. *A priori*, il m'a plu et je m'en déclare partisan. Je désirerais le voir adopter. Ce lit de camp est en terre de barre, il repose sur la cloison opposée à la porte et a, à cet endroit, environ o m. 70 à o m. 80 de haut; il va en s'inclinant en pente douce, comme le lit de camp adopté en France dans les corps de garde et a o m. 40 de hauteur vers son extrémité qui aboutit au milieu de la case. La terre de barre est battue; on la recouvrira de cette sorte de ciment assez solide employé par les gens du pays. On le recouvrira aussi de paille propre qu'on pourra changer quand on le jugera utile. De la sorte, on n'aura pas les inconvénients des taras en bois qui tombent souvent et sous lesquels on peut laisser accumuler des ustensiles divers et de la poussière.

La terre de barre qui constituera le plancher des cases européennes et indigènes, battue et cimentée, assurera un entretien excellent et sera une garantie contre l'humidité du sol, si préjudiciable dans ces pays éminemment palustres.

Pour faire ce ciment, les indigènes usent, en général, de bouse de vache dont ils enduisent murs et sol. Il est inutile de dire qu'au point de vue de l'hygiène, on doit rejeter absolument ce procédé. Je conseille le suivant qui était employé au poste de Kayoma par les Sénégalais qui l'ont construit. Le sergent indigène qui l'utilisait avait appris à se servir de ce genre de revêtement imperméable à la Côte d'ivoire.

Le procédé très simple est plus hygiénique que le premier. On prend les racines et les branches d'un arbre qui pousse dans la brousse en assez grande importance. Malheureusement, je n'ai pu voir ni les feuilles ni les fleurs qui étaient tombées à cette époque de l'année, au mois de février, où j'ai connu ce procédé. Les branches de cet arbre, même assez épaisses, se coupent très facilement avec un couteau. La section de ces branches ressemble à celle d'une tige de palmier. La plante m'a donc paru posséder une organisation peu élevée. Un suc qui rappelle beaucoup la gomme s'écoule à la section. Ces branches sont concassées, mises dans l'eau et on possède alors un liquide filant avec lequel on bat de la terre arable. Cet enduit est étendu à la main sur les murs et sur le sol battu.

Feuillées. — Ce système qui flatte le médecin au point de vue de l'hygiène est fort difficile à faire appliquer quand on est en présence d'une agglomération humaine. Il n'est pratique que pour les garnisons des postes. Avec les porteurs surtout, on n'a jamais pu obtenir l'observance de cette loi d'hygiène, et les environs du poste à 200 mètres étaient toujours souillés malgré les ordres donnés. Heureusement qu'en Afrique la nature prévoyante lutte contre cette nouvelle cause de maladies par l'action de son soleil ardent et par l'existence, au voisinage des villages, d'oiseaux que tout le monde s'accorde à laisser vivre en paix.

Lorsque le poste sera réduit au strict nécessaire d'hommes armés et de porteurs, je crois qu'il faudra absolument exiger que les hommes aillent faire leurs besoins à une certaine distance du camp, au-dessus des fosses qu'on fera creuser, de façon à ce que ni le vent de N. E., ni celui de S. O. n'apportent sur le poste des émanations malsaines et on veillera principalement sur les porteurs, qui sont un fléau pour les colonnes par le mépris qu'ils ont de la propreté.

Ces considérations sont applicables à tous les postes présents ou à créer, en tenant surtout compte des vents régnants et du voisinage de l'eau.

De l'eau à Nikki. — Cette question n'est pas à dédaigner. Nous sommes arrivés dans cette ville à un moment où les pluies avaient cessé, mais où les ruisseaux et les rivières possédaient encore assez d'eau. On trouve un ruisseau en avant du village de Nikki-Ouangara qui est éloigné du poste d'environ 800 mètres; à 500 mètres du poste existait un autre ruisseau.

Au fur et à mesure qu'avance la saison sèche, l'eau diminue dans ce dernier et il faut aller la chercher assez loin. Elle devient de plus en plus chargée de sable et de limon. Il faudra donc prendre les plus grandes précautions pour la consommer. L'établissement d'un puits serait indispensable. On le créerait en dehors du poste, du côté Nord; c'est l'endroit le plus propre, car, dans le poste il faut penser que, suivant la coutume des gens du Haut-Dahomey, à 2 mètres au plus de profondeur, dans toutes ces cases indigènes, ou à côté d'elles, doivent dormir des morts. Cependant, la profondeur à laquelle on trouvera l'eau sera peut-être une garantie de sécurité, si on ne peut établir ce puits ailleurs que dans le fort. Mais il serait très bien situé à une cinquantaine de mètres, assez loin des hameaux voisins et des autres causes de souillure du sol. On protégerait ce puits par des murs qui s'élèveraient à 1 mètre du sol et qu'on couvrira par un toit pour le défendre de la pluie et des vents. De cette façon, on aura des chances d'avoir en toute saison de l'eau potable. Pour terminer avec Nikki, je dirai que le poste est sur un plateau d'où la vue peut s'étendre assez loin. Le sol ne m'a pas paru marécageux. Je crois que la région est assez saine et je ne peux que souhaiter de voir disparaître peu à peu la brousse non cultivée qui l'environne. La création de champs d'ignames qui ne peuvent gêner la vue comme le mil et le maïs serait précieux en utilisant d'une façon rationnelle les forces végétatives de la nature. Mon plus gros reproche à ce poste est son éloignement de l'eau.

Poste de Yassikérah. — Il ne comprend que quelques tirailleurs sénégalais auxiliaires, logés dans des cases du pays. Yassikérah est un très beau village avec larges places, grands arbres, haies d'épines et eau en abondance. Les environs m'en ont paru légèrement marécageux. Il n'est qu'à un jour de Nikki. Je n'ai pas à m'y appesantir davantage.

Poste de Yagbassou. — Il compte 25 indigènes avec un gradé indigène. Ce poste est fortifié en palanques de 2 mètres de haut et en terre de barre. Il se trouve à l'extrémité Nord du village, à moitié détruit aujourd'hui. Ce village est entouré d'une haie d'épines que le feu a abattue presque entièrement. On va chercher l'eau à un quart d'heure du village, dans une rivière au Sud de lui. Beaucoup de brousse ou de cultures aux environs. Le point ne m'a pas paru malsain.

Poste de Boussah. — Fondé par la mission Bretonnet, au début, il s'élevait sur les bords du Niger, dans une grande plaine au pied des collines sur lesquelles la ville est bâtie. Ces collines surplombent le fleuve d'une cinquantaine de mètres, à 800 mètres de lui. Ce poste était inondé à la saison des pluies et environné d'eau et de boue. On avait dû accepter ce que le roi avait donné. Mais quand notre influence a été assise, comme elle l'est actuellement, le commandant Bretonnet transporta son poste au centre de la ville, en dedans du tata, entre les groupes Nord et Sud des cases du village. On est obligé, pour arriver au poste, de traverser un large ravin qui est inondé aux pluies. Toute la vallée qui environne Boussah devient marécageuse pendant l'hivernage. Les vents de S. O. et de N. E. doivent apporter des effluves assez malsains sur ce poste.

Le poste est sur un plateau sablonneux qui permet à l'eau des pluies un écoulement facile. Quoique au centre de la ville, il est isolé de plusieurs centaines de mètres de tous les hameaux voisins. Il n'est pas défendu. En admettant qu'il y eût quelque chose à craindre, son isolement et sa légère altitude le rendent inabordable. Le sentier qui continue la grand'rue et qui conduit aux groupes des cases Sud de la ville le traverse.

En face du poste s'élève un groupe de quatre cases, qui constitue le tombeau des rois de Boussah.

Le poste comprend de nombreuses cases en paille, tant pour les Européens que pour les indigènes. Elles sont très bien comprises. Le poste, qui a été élevé par M. l'inspecteur de la milice Carron, n'avait que trois semaines d'existence quand nous y sommes arrivés. Les cases sont longues d'une dizaine de mètres, large de 6 mètres environ. Un immense toit, commun à la véranda et à la case, s'élève au-dessus d'elles. La hauteur, au centre, est d'environ 6 mètres. La case est donc isolée au milieu d'une autre que forme la véranda, et balayée, tant par son plafond que par ses portes, par un air perpétuel. En saison sèche, c'est un inestimable avantage dans les mois chauds, mais, tant que dure l'harmattan et surtout de décembre à février, on gèle littéralement, sans compter que le vent du N.-E. passant sur le Niger est chargé de brouillard jusque vers midi. Toutefois ces cases, telles qu'elles sont, seront parfaites si on les élève en terre de barre, et rien n'empêche, en divisant la case centrale par des cloisons, de faire un double toit au-dessus de la division servant de chambre à coucher. Ce sera fort prudent pour la nuit.

Toutes les cases européennes sont sur le même modèle. Des cases indigènes, je n'ai rien de spécial à dire : grandes paillottes avec taras en paille. Les porteurs sont hors du camp sous des gourbis. Si, comme je le crois, à cause de leur inobservance de la moindre hygiène, il faut laisser les porteurs hors du camp, je ne peux trop répéter qu'une bonne case pour eux, comme pour les troupes indigènes, est indispensable, je dirai plus, *surtout pour eux*, car ce sont les auxiliaires les plus précieux d'une mission. Les chefs ne devraient point perdre de vue les ennuis que leur cause l'*absence d'un seul porteur* par maladie ou pour toute autre raison. Les écuries sont à l'extrémité du camp. Ce sont des cases rondes avec un toit. L'air circule librement, car la paille qui forme les murs ne vient qu'à mi-hauteur.

Les cabinets adoptés par les Européens sont, comme en France, des fosses recouvertes d'un toit en bois, serré, par-dessus lequel de la terre de barre battue et cimentée est étendue, ne réservant que l'orifice nécessaire. C'est fort propre et bon à connaître dans ces pays où souvent on ne sait quel système adopter. Toutefois, je préfère la tinette qu'on va vider au loin, parce que la fosse n'est pas cimentée et que des infiltrations peuvent se produire. Il n'y a pas de puits au poste de Boussah et celui-ci est d'ailleurs si étendu qu'il y aurait toujours moyen de créer un puits isolé. Mais, dans les postes où l'on n'a pas le Niger à sa disposition, ce système pourrait être dangereux. Toutefois, en le perfectionnant et en cimentant la fosse, c'est évidemment le meilleur moyen à employer.

En résumé, ce poste ne doit pas être très sain pendant l'hivernage, mais son attitude au-dessus du fleuve permet à une brise perpétuelle de le balayer. L'eau ne peut faire défaut. Elle est bonne et il n'y a qu'à prendre les précautions d'usage.

La garnison est de 25 hommes avec un officier.

Postes de Oua-Oua et de Calé. — Ces deux villages possèdent des garnisons indigènes. Je n'ai fait que les traverser. Je n'ai pas grand'chose à en dire. Ils sont dans une région de plateaux ou de roches et l'état sanitaire ne doit pas être mauvais.

Poste de Kayoma. — Des éléments fort complexes le composent. Fondé par le commandant Bretonnet, il est constitué :

1° Par un quartier de la ville, à l'Est de celle-ci. Ce quartier appartenait à un chef bariba qui s'était révolté contre le roi de Kayoma. Le commandant Bretonnet battit ce chef et fit don de tout ce qu'il possédait au roi actuel, qui abandonna aux Européens ce grand quartier du village. Des cases rondes, comme à Nikki, où logeaient les troupes et les porteurs le composent, Toutes les belles cases d'entrée, agrandies par de larges vérandas, faisaient d'assez confortables habitations. Actuellement, ce quartier ne sert plus qu'à abriter les officiers et les troupes de passage.

2° Par une vieille redoute.

3° Par le fort élevé par le lieutenant d'infanterie de marine Morin, chef de poste à Kayoma, qui l'a construit avec ses 60 hommes de garnison, à l'Ouest de la ville. Il n'est point élevé dans le but de se défendre contre les gens du village, pour qui les Européens sont des libérateurs. Il n'a pour but que de résister à des incursions possibles des pillards du Borgou. Il a aussi un autre avantage : c'est de commander l'eau qu'on va puiser à une rivière qui coule à l'Ouest de lui, à environ 200 mètres. L'eau est assez bonne. Il n'y a qu'à la purifier. On a de l'eau en tout temps. Au point de vue de l'hygiène, le poste est mieux placé. Il se trouve éloigné des grands trous qui remplissent la ville et qui sont réceptacles d'immondices. Le fort est formé d'un immense mur de 2 mètres de haut avec tambours permettant de battre les faces aux angles N.-E. et S.-O. Ces tambours ont des banquettes pour les tireurs et seront recouverts d'un toit à cause du voisinage de la montagne, qui ne mettrait pas le premier surtout à l'abri des flèches.

Il renferme une grande case sur la face Nord pour les tirailleurs avec portes, fenêtres, taras en terre de barre. Une case avec trois chambres sur la face Sud existe pour les Européens. Cette case est surélevée au-dessus du sol et cimentée. Son toit et celui de la véranda sont indépendants. Enfin un magasin s'y élève aussi. Une grande cour occupe tout le reste du fort.

Je me suis laissé entraîner, à propos de Nikki, à louer la

disposition de la case des troupes indigènes et à la donner en modèle. La case qu'occupera le chef de poste est comme celles de Nikki. Elle est donc bien comprise. Un puits sera probablement creusé dans le poste. On trouvera l'eau à une dizaine de mètres. Il sera abrité par des murs et couvert d'un toit.

Les cabinets seront comme ceux de Nikki.

Ceux qui existent dans l'ancien poste sont analogues à ceux de Boussah.

La vieille redoute qui abrite en ce moment les hommes et le chef de poste est environnée de trous; par conséquent, son choix, qui a été imposé un instant par la nécessité, n'a plus de raison d'être.

Elle renferme une case en paille pour les hommes et une en terre de barre pour le chef de poste. Elle va être abandonnée. Un puits y a été creusé, mais n'est pas achevé.

Il fait très chaud à Kayoma, qui s'élève au pied de roches entassées et de montagnes. Je n'ai vu la ville qu'en saison sèche, je ne peux rien en dire. Mais il est évident que, pendant l'hivernage, la ville doit être très sale et quelques-uns de ces trous, conservant de l'humidité dans le fond, m'ont fait supposer qu'ils devenaient de vrais marais. Comme l'Européen a toute autorité à Kayoma, qui a à sa tête un chef fort intelligent, le chef de poste fera œuvre utile en lui montrant l'utilité d'assainir sa ville commerçante et fréquentée.

Poste de Bouay. — Il n'était pas encore fondé à mon départ.

Poste de Kandy. — Il n'était pas refondé à mon départ. Je ne peux parler que de celui qu'avait élevé la reconnaissance de la 8ᵉ compagnie que j'accompagnais au mois de juin 1897. Ce poste était élevé sur l'emplacement de celui qu'avait construit à son passage le commandant Bretonnet, c'est-à-dire entre le village de Kandy proprement dit, habité par les gens originaires du pays et le « Ouangara » ou ville des étrangers. A gauche du poste, à 300 mètres environ, coulait une rivière. Le poste était sur un plateau d'où la vue s'étendait assez loin. L'emplacement était excellent. Beaucoup de cultures aux environs. Le pays était d'apparence assez saine. C'est un des endroits les plus riches du Borgou, à mon sens. La marché du «Ouangara» est très bien approvisionné.

Ce poste comprenait cinq paillottes : deux pour les indigènes, deux cases rondes, une grande case à toit commun à la véranda et au corps d'habitation. Je ne sais pas où on établira le prochain poste, mais je crois que celui-ci était bien situé. On a vu combien son existence fut éphémère.

Poste de Djougou. — Ce poste s'élevait en dehors et au Sud du «Ouangara» de Djougou. Dans une enceinte fortifiée et défendue par de profonds fossés s'élèvent les cases des Européens et des indigènes. Les cases européennes sont au nombre de trois. Ce sont des cases rectangulaires dont le toit est commun à la véranda et au corps de logis. Je n'ai rien de particulier à en dire, sauf pour l'aération, qui est moins complète que dans les cases que j'ai décrites plus haut au sujet des autres postes. Elles ont été élevées par les gens du village, sous les ordres de l'administrateur.

Un certain nombre de cases carrées, en terre de barre, sert de logement aux 25 gardes civils et à leurs familles, qui constituent la garnison du poste dont le personnel européen comprenait 3 blancs. Ce poste s'élève sur un plateau dénudé. C'est le principal reproche qu'on puisse lui adresser.

Il est loin d'être aussi sain qu'il paraît au premier abord. La dysenterie y a enlevé un fonctionnaire et je ne doute pas que l'affection n'ait été causée par l'eau de la ville dont on faisait usage au poste. Le «Ouangara» de Djougou est la plus malpropre ville d'étrangers que j'ai rencontrée; l'eau croupit dans les ruelles étroites et tortueuses et les détritus de toute espèce forment des tas d'une grande hauteur. Le résident français y est tout puissant et on trouve un gros noyau de musulmans notables qui l'écoutent assez volontiers. Il est donc à désirer qu'il obtienne d'eux le nettoyage de cette ville importante. Il ne faudra pas que les Européens prennent de l'eau dans les puits de la ville, continuellement souillés, mais bien à des ruisseaux situés au Sud du poste. Pendant l'hivernage, les vents du S.-O. amènent sur le poste des émanations palustres. Des brouillards assez épais règnent le matin aux environs.

Le poste de Djougou possède un jardin maraîcher fort bien entretenu et, sur ce point, doit être donné en exemple, car on ne peut que souhaiter la généralisation de cette coutume.

Poste de Kuandè. — Le poste de Kuandè est le premier qu'a établi la compagnie Ganier. Il se composait primitivement de 1 sous-lieutenant européen, de 2 sergents et de 30 tirailleurs. Il était situé au Nord du village. Il servit, après la prise de celui-ci, de lieu de concentration à la colonne Vermeersch. Dans l'enceinte en palanques qui s'élevait non loin des dernières pentes de l'Atacora se dressaient des paillotes bien comprises pour le logement des Européens et une paillotte qui servait d'abri à la garnison habituelle du fort. Le reste des hommes logeait en dehors de lui dans des paillottes. Un parc à bestiaux se trouvait encore plus à l'Est.

Le poste de Kuandè a dû, depuis sa seconde attaque, transformer en terre de barre son système de défense.

Au point de vue sanitaire, il est situé sur un petit plateau d'où la vue s'étend assez loin vers l'Est, dans une région montagneuse et où les marécages se trouvent sous le vent en temps habituel. Tous les alentours voient pousser de magnifiques baobabs, qui sont comme le critérium d'un terrain sec, par excellence. C'est aussi à Kuandè, derrière le poste, près de la montagne qu'on trouve des sources qui donnent une eau excellente, mais qu'il serait désirable de faire capter pour éviter toute souillure. Pour ces diverses raisons, Kuandé m'a paru un des postes les plus sains du Borgou.

Poste de Konkobiri. — Après Kuandè, la compagnie fonda le poste de Konkobiri dans le Gourma. Il se dresse dans la plaine à 400 mètres environ de la ville, située au pied de la montagne et d'une gorge d'où le vent souffle très souvent avec violence; mais ce vent a l'avantage de chasser les miasmes palustres qu'apporterait sans lui la brise qui passe sur les immenses marécages qui séparent Konkobiri de Kodjar. Il pleut assez souvent à Konkobiri, mais le sol sablonneux permet à l'eau un écoulement facile et rapide. C'est un poste assez sain. Le chef du poste, le sergent Buret, avait fait construire son fort par les gens du village. Ce fort se composait de murs en terre de barre de 3 mètres de haut avec fossés de 2 mètres de profondeur et de deux réduits à deux étages de feux. Il était facilement défendable avec sa petite garnison de 10 hommes, et au mois de décembre les Baribas vinrent y éprouver un échec. Les paillottes qui s'y trouvaient devaient être aussi remplacées par des cases en terre de barre. Les porteurs logeaient derrière le fort, en dehors de lui.

Poste de Kodjar. — Il avait d'abord été choisi comme séjour provisoire et point d'observation de la 8e compagnie. Sa garnison était de 1 capitaine, 1 sous-lieutenant européen, 1 médecin de 2e classe de la marine, 1 inspecteur de 1re classe de la milice, 3 sergents blancs, 1 sous-lieutenant indigène, et 66 tirailleurs. Le poste s'élevait à l'Est et en dehors du misérable village de Kodjar, à la place d'un village peuhl abandonné. Il y avait de petites éminences qu'on utilisa pour une partie des cases, mais ce poste était trop étendu et, à la saison des pluies, la paillotte des sous-officiers blancs était dans une perpétuelle humidité. Une immense plaine envahie moitié par la brousse et moitié cultivée à la saison des pluies s'étendait tout autour. Elle recevait l'eau qui s'écoulait des montagnes situées à l'Ouest du village et des collines qui se dressaient au N.-E. du poste à 800 mètres de lui. C'était donc un vaste marais qui nous enveloppait. Faute d'outils, on n'avait pu choisir la colline comme emplacement du poste. En outre les vents dominants de Kodjar étaient ceux de S.-O. qui arrivaient après avoir traversé les marécages qui séparent Konkobiri de Kodjar. Nous avons mis deux jours à les traverser, deux jours qui ont valu de bons accès de fièvre aux Européens. Qui n'a pas traversé ces fondrières où les chevaux enfoncent jusqu'au poitrail et les hommes jusqu'à mi-cuisse, d'où, sous l'action d'un soleil intense, s'exhale une buée chaude et pestilentielle, ne se rend pas compte de ce qu'est un marais africain. Aussi quand le vent arrivait sur Kodjar, il venait ajouter ces miasmes à ceux qui nous enveloppaient déjà. C'est surtout au Sud du poste qu'on trouvait le plus de marais. Tous les Européens y ont été malades. En outre ce village était misérable, la montagne située derrière lui et qui avait l'air effondré donnait un aspect peu gai à ce poste. La nourriture était extrêmement difficile à se procurer. C'est avec grand plaisir que je l'ai vu évacuer et si, pour quelque raison, on veut y remettre un poste, qu'on n'y place pas un Européen; il y trouverait son tombeau. Qu'on y mette des indigènes et, autant que possible, il serait désirable de reporter le poste au N.-O. du village, qui est moins humide. On prenait l'eau à Kodjar dans un puits au Nord du village, en dehors du tata, ou dans une flaque d'eau au Sud au centre de laquelle l'eau provenant d'une source sortait fort pure. En forçant les noirs à aller la prendre là, les Européens avaient de l'eau excellente. En saison sèche, la majorité des gens du village va chercher l'eau dans des trous situés à l'Est. Elle y croupit et son emploi par des Européens serait fort dangereux pour eux. Donc, Kodjar est un poste malsain et je le condamne absolument.

Poste de Botou. — Il a été occupé par 5 tirailleurs. Mais la compagnie s'y est transportée. Pendant notre séjour, nous avons été logés chez les habitants. Le poste, qui comprenait 3 cases rondes, s'élève sur le mamelon le plus en avant de la ville, qui est très étendue sur un plateau situé au fond d'une immense plaine de près de 8 à 9 kilomètres de superficie. Cette plaine est remplie de champs et de villages perchés sur des mamelons. Botou est sous le vent d'un marécage qu'il faut franchir pendant 10 à 15 minutes pour y accéder. Le chef m'a dit que pendant et à la fin de l'hivernage ses gens étaient fort éprouvés par la fièvre. Il m'a dit également qu'il y avait beaucoup de vers de Guinée. Toutefois, je crois que, si un Européen devait y rester, il y serait relativement bien, car il peut reporter le poste plus au Nord et que la ville a une légère altitude. On prend l'eau à ce marais ou dans les puits sur les autres faces de de la ville.

Poste de Matiacouali. — Il a été occupé en dernier lieu pendant un mois et demi par la compagnie. Il est fort bien situé, sur la partie la plus élevée d'un plateau, dans un endroit relativement peu marécageux. Une petite rivière reçoit les eaux qui tombent dans la plaine à l'Est du village. Ce sera une résidence agréable pour les Européens qui y seront. La ville renferme assez de ressources. Le poste est composé de cases rondes bien orientées qui reçoivent le soleil levant ou le soleil couchant. Deux barrières d'épines le défendent. Tout le monde avait repris dans ce poste une apparence de santé; je parle, bien entendu, des Européens fatigués par les marches et par les marécages de Kodjar. Je recommande de faire bouillir l'eau, car on prend l'eau des puits qui existent à l'Est du village. Elle est souillée par la boue entraînée par la pluie et surtout par le lavage du linge des habitants. Les puits sont au ras du sol et les gens pataugent continuellement autour.

Postes de Madjori et de Kankantchari. — Ces postes, que je n'ai pas visités, n'ont été que provisoirement occupés par quelques tirailleurs.

Poste de Bozougou. — Il était occupé par 5 tirailleurs. Bozougou est un beau village situé dans une riche plaine, d'aspect assez sain quoique au pied de montagnes. Les cases s'élèvent sur les mamelons séparés par des cultures variées : haricots, mil, maïs, arachides, tabac. L'eau est prise dans les puits.

Poste de Fada N'Gourma. — Je ne le connais pas; tout ce que je sais, c'est que l'ancien poste était trop voisin d'un marigot et que le capitaine Baud et même ses tirailleurs ont été éprouvés par la fièvre. M. le résident Molex en a fait construire un nouveau, plus loin et à une plus grande altitude.

Poste de Pama. — Je ne le connais pas non plus; il a servi longtemps de résidence au capitaine Baud.

Les autres postes du Haut-Dahomey, à savoir Carimama dans le Dendi, Ilo, Gomba, Roufia, ne me sont pas connus. Ils sont situés sur la rive droite du Niger; quant à Kitchi, il était au Sud de Kayoma et n'était occupé que par des troupes indigènes. A cause de la nécessité d'occuper un grand nombre de points pour disputer le passage aux Anglais, de nombreux postes tenus par quelques tirailleurs étaient en formation dans le Sud de Bourgou, mais cette région m'est inconnue.

Considérations sur les demeures des Européens dans le Haut-Dahomey. — Voici comment j'entends la création des cases européennes dans les postes du haut pays où, pendant longtemps encore officiers et fonctionnaires auront surtout à compter seulement sur eux-mêmes pour l'édification de leurs postes et de leurs maisons.

Le meilleur mode de logement serait, à mon avis, une case en terre de barre. Elle serait élevée à o m. 60 du sol sur un terre-plein cimenté. Les murs auraient une hauteur de 2 m. 50 environ et une épaisseur de o m. 25 à o m. 30. La longueur et la largeur de la case dépendraient de son adaptation. On l'aérera par de nombreuses portes et fenêtres. Les cloisons qui sépareront les pièces ne monteront pas jusqu'au toit. Celui-ci serait en bois et en paille. Au centre de la case, sa hauteur serait de 3 m. 50 à 4 mètres et il viendrait reposer sur les murs de la case. Pour éviter l'action directe du soleil sur ce toit et pour permettre la fraîcheur, on élèverait au-dessus de cette case un second toit distant de o m. 50 du premier et qui viendrait reposer sur les piliers de la véranda, distants d'au moins 2 mètres des murs de la case. Cette véranda, entourerait la case sur ses quatre faces. Il y aurait par ce système un manchon perpétuel d'air qui circulerait sous ce hangar recouvrant la case d'habitation, si je peux m'exprimer ainsi pour me faire bien comprendre. De cette façon je crois qu'on aurait un logement agréable, les murs protégés par la véranda ne pouvant s'échauffer. Il y aurait une grande fraîcheur. Le double toit avec manchon d'air défendrait les habitants contre l'ardeur du soleil.

La case, exhaussée au-dessus du sol, mettrait l'Européen à l'abri des émanations humides et malsaines.

Autant que possible, les cloisons seraient incomplètes, je le répète, de façon à ce que l'air circulât sur toute l'étendue de la case, qu'on orienterait de façon à ce qu'elle fût balayée par les vents dominants.

Les paillottes ne sont pas des habitations à préconiser. Elles doivent être des abris temporaires afin de permettre à l'Européen de diriger et de parfaire la construction de sa demeure définitive en terre.

En saison sèche (j'en parle pour l'avoir vu), il faut trois semaines au maximum pour élever une case en terre, la cimenter, la couvrir. Au moment de la saison des pluies, il ne faudra guère plus de temps si on prend la précaution de construire la case sous son hangar soigneusement couvert de paille. On pourra allumer des feux à l'intérieur pour faire sécher les murs plus rapidement.

Dans tous les cas, il suffit d'une quarantaine de jours pour avoir une habitation confortable et habitable.

DES FLÈCHES EMPOISONNÉES DU HAUT-DAHOMEY.

L'armement des gens à pied du Borgou se compose de l'arc et des flèches. Les guerriers portent au bras gauche, à hauteur du biceps, un bracelet en cuir de bœuf qui leur sert à planter entre lui et le bras un certain nombre de flèches, la pointe en l'air. Ils les prennent là, au fur et à mesure des besoins, et peuvent tirer ainsi plus rapidement qu'en les sortant de leurs carquois, où elles s'agglutinent quelquefois quand la composition est fraîche. Pour tendre la corde avec plus de force, ils la saisissent entre le pouce et l'index, le pouce étant garni d'un anneau de fer, de la hauteur de la première phalange qui embrasse celle-ci et sur lequel repose la corde. L'index est nu. Au médius, ils portent un autre anneau surmonté d'une sorte de pyramide creuse avec fente longitudinale. Ce nouvel anneau ne sert nullement à tendre la corde; c'est tout simplement une sorte de caisse de résonance qui amplifie les bruits produits par le choc de l'anneau du pouce contre lui. et qui leur permet de s'appeler entre eux à de petites distances.

Un arc tendu par un homme très vigoureux porte facilement

à 150 mètres. La distance moyenne est de 120 à 130 mètres où la flèche a une violente force de pénétration. Le tir de l'arc n'est presque jamais horizontal, à moins qu'on n'arrive très près des Baribas; en général, ils tirent sous un angle de 45°, de sorte que les flèches retombent par leur poids presque verticalement. C'est ainsi qu'ils obtiennent la portée maxima de leur arme dont ils se servent avec la plus grande habileté.

La longueur des flèches varie de 0 m. 59 à 0 m. 71 (fer et paille compris); le fer seul varie de 0 m. 08 à 0 m. 16 de longueur; la moyenne est de 0 m. 10 à 0 m. 11. Les unes ont la forme d'un harpon, les autres sont une longue pointe quadrangulaire unie, mais rugueuse. La majorité a la forme d'une longue pointe hérissée d'éclats de fer dans tous les sens et dont le nombre varie de 3 à 18. Ces éclats sont répartis sur toutes les faces et sur la longueur entière, ou par trois groupes de 6 séparés par des intervalles lisses. Les guerriers ne portent dans leur carquois qu'un petit nombre de ces flèches, mais ils en trouvent d'autres dans de grands carquois qui sont des réserves. Ces carquois, en peau de bœuf, en contiennent 100 et même davantage et servent à réapprovisionner les combattants.

Le fer des flèches s'enfonce dans des tiges de graminées, et souvent des liens en paille, en peau de bœuf, en laiton, en fil de cuivre, servent à les assujettir plus solidement. Il y a même des liens qui sont enroulés autour du fer et qui servent à retenir la composition mortelle qui doit les imprégner. Ces liens varient avec la provenance des flèches, assez pour que les Baribas alliés qui nous accompagnaient reconnussent, en les examinant, les villages qui avaient pris part à la lutte. La pointe des flèches est quelquefois en cuivre au lieu d'être en fer. C'est l'exception, et on doit considérer cela comme un luxe de la part des chefs importants. Les Baribas sont fort braves. Cependant, il ne faut pas entendre ce mot dans le sens que nous lui donnons en parlant d'Européens. D'abord, ils se servent d'une arme lâche et traîtresse par excellence, la flèche empoisonnée; ensuite ils n'arrivent jamais au corps à corps; mais ceci posé, on ne peut refuser le nom de braves à des gens qui restent debout sous les balles, en brandissant des queues de cheval qu'ils considèrent comme des gris-gris, et qui, armés de leurs seuls arcs, arrivent en rampant et se dressent à quelques mètres des tireurs pour décocher leurs flèches. Les Baribas prennent toujours l'offensive; battus un jour, ils reviennent le jour même ou le lendemain. Ils combattent toujours en enveloppant. Il faut les repousser perpétuellement jusqu'à ce qu'ils aient des pertes trop sensibles par le nombre ou par la qualité pour les amener à faire leur soumission.

Le poison des flèches du Haut-Dahomey provient d'arbustes fort élégants qu'ils cultivent dans les champs ou dans les villages et qui ne sont autre chose que des strophantus, dont les espèces peuvent être différentes, mais dont l'action mortelle est à peu de chose près la même. Dans le Gourma, comme dans le Borgou, ces arbustes sont fort répandus. Dans la première province, on les cultive particulièrement dans les villages où ils forment des tonnelles fort touffues. La plante porte presque toujours des feuilles et des fruits. Quant à la fleur, elle paraît en juin et en juillet. La graine est la partie active par excellence. C'est elle que les indigènes emploient pour fabriquer cette composition mortelle qui a l'aspect d'un extrait brunâtre. J'ai en vain cherché à obtenir des renseignements absolument exacts sur sa préparation. Les indigènes n'en parlent qu'avec le plus grand mystère ainsi que de leurs contrepoisons. Les uns prétendent qu'on fait bouillir les graines, les autres qu'on les fait griller. Toujours est-il qu'ils les débarrassent de l'aigrette qui ne sert qu'à permettre au vent de transporter les graines et qui ne me semble pas pouvoir posséder de propriétés. Quelques individus écrasent parfois des têtes de *serpent trigonocéphale* afin d'augmenter les effets du poison, mais ce n'est pas la règle. Il serait cependant bien intéressant d'arriver à capter la confiance d'un individu afin de connaître exactement la composition du poison, attendu que l'action du *strophantus seul* ne saurait être comparée à celle du strophantus *augmentée de celle d'un venin de serpent*, mais le noir est, par nature, si méfiant que c'est toujours difficile à obtenir.

Toutefois, on peut poser comme règle générale que le poison végétal est le plus uniquement employé.

Des flèches au point de vue clinique. — Voici ce que j'ai observé sur les gens qui ont été le plus grièvement atteints et dont je cite les observations.

OBSERVATION I. — Un de mes hamacaires brancardiers est atteint au combat de Bégourou le 4 novembre 1897, d'une flèche en forme de fer de lance (harpon) qui s'enfonce profondément dans la fesse gauche. Cet homme était à la corvée d'eau quand l'ennemi, s'aidant de hautes herbes, s'est approché du village et a surpris la corvée.

Ce malheureux était atteint de la flèche que je considère comme la plus redoutable et la plus difficile à retirer des tissus. Le fer reste souvent dans la plaie. Il en a été un exemple. En outre elle était couverte d'un enduit gluant et nouvellement préparé, car les gens avaient emporté avec eux des pots remplis de composition fraîche. Je fendis le pantalon de cet homme et, agrandissant la plaie, je pus enfin retirer ce harpon. Je fis sucer la plaie par ses camarades. Elle saignait abondamment. Je respectais cette hémorragie. Je cautérisai ensuite la plaie à l'acide phénique pur et je lui fis une injection de 0 gr. 30 de caféine, considérant que le strophantus est surtout un poison du cœur qui s'arrête en systole le plus généralement, ou en diastole quelquefois. Je voulais ainsi soutenir l'énergie du muscle cardiaque et lui permettre de lutter plus efficacement.

Je fis porter le blessé à l'abri. A peu près toutes les dix minutes, j'allais le voir et lui tâter le pouls. C'est ainsi que je procédais généralement. Je faisais grouper mes blessés autour de moi, et, chaque fois que j'avais fini d'en panser un, je suivais chez les autres les modifications du pouls.

Chez cet homme, j'ai constaté que, pendant la première demi-heure, l'hémorragie continua assez abondante sous le pansement léger et non compressif que j'avais appliqué. Quant au pouls, il était régulier sans intermittences, et ses battements étaient pleins, très forts. Interrogé sur son état, il répondait qu'il ne sentait rien d'extraordinaire.

Au bout de ce temps, il commença à se plaindre de vertiges et de troubles de la vue. Le pouls ne présentait pas encore de modifications. J'ai voulu faire étendre le blessé, au lieu de le laisser assis, mais ses camarades s'y opposaient en prétextant que les gens du pays conseillent de ne pas le faire; puis, pendant les dix dernières minutes de la vie, la respiration se prit. Il y eut de la dyspnée; il avait une sensation de chaleur intérieure et ses extrémités inférieures étaient gelées, puis il se coucha, porta ses mains crispées au-devant des yeux, se raidit en léger opisthotonos, ses yeux se convulsèrent en haut, il eut une longue plainte agonique qui alla en s'affaiblissant et mourut.

Sentant le pouls s'affaiblir, je refis une injection de 0 gr. 15 de caféine qui n'eut aucun effet.

La mort était survenue en 45 minutes.

Je laissai absorber à ce hamacaire-brancardier du contrepoison que lui donnèrent ses camarades. C'était pour moi l'occasion d'en voir l'efficacité. Il ne produisit aucun effet.

Observation II. — Suleyman-Barka, sergent au régiment de tirailleurs sénégalais, détaché à la compagnie de tirailleurs sénégalais auxiliaires Dumoulin.

Au combat des ruines de Tisaré, le 8 novembre 1897, cet homme se porte sur la ligne des tireurs pour prendre part à l'action au lieu de rester en arrière de sa section pour la commander. Au moment où il prend sa place, il reçoit une flèche dans des conditions curieuses. Il chargeait son fusil dans la position du tireur debout. La flèche arriva horizontalement, pénétra dans le premier espace interdigital gauche, rasa la face antérieure des os du métacarpe et vint faire saillie à la face interne de l'éminence hypothénar, mais sans perforer la peau.

Le fer était une pointe simple, sans éclats, mais chargée de poison frais. C'est le premier homme qui fut blessé. Il perdit une ou deux minutes à me chercher au milieu de la masse de porteurs et d'alliés qui encombrait le carré. Il avait voulu retirer la flèche et le fer était resté dans la plaie.

Croyant que c'était un harpon, je pratiquai une contre-ouverture. Je retirai le fer et fis sucer ce long trajet, en même temps que mon infirmier appliquait vigoureusement sur le poignet une bande élastique à amputation. Je me suis toujours servi d'une bande en caoutchouc pour le traitement de ces flèches, de façon à m'opposer le plus énergiquement possible à la diffusion du poison dans l'organisme. Je cautérisai ensuite ce que je pus de ce long trajet à l'acide phénique pur et je laissai saigner, puis je fis asseoir le blessé.

Je constatai dès son arrivée que le pouls était régulier, mais un peu faible. Pendant la première heure, le blessé ne se plaignit pas. Au bout de ce temps, il commença à éprouver de violentes douleurs dans l'avant-bras et le bras, douleurs que j'attribuai à la pression de la bande élastique, mais je refusai de la lui enlever malgré ses plaintes. Comme état général, il ne se sentait pas mal, mais son pouls était plus faible quoique régulier. Je lui fis une injection de 0 gr. 15 de caféine qui le remonta un peu. Au bout d'une heure et demie la douleur était intolérable. J'appliquai une bande en toile bien serrée au-dessous du pli du coude et je desserrai la bande en caoutchouc mise au poignet. Le combat venait de finir, on reprit la marche en avant. Je fis monter ce sergent dans un hamac. A ce moment il y avait 1 h. 45 m. qu'il était blessé. Il éprouva des vertiges, le pouls se sentait encore, il se coucha dans le hamac.

Je fis monter les autres blessés dans les leurs. Quand je revins auprès de lui, deux minutes après, j'arrivai pour le voir mourir. Il se raidit, n'eut pas de convulsions. Seuls, ses yeux se convulsèrent en haut. Longue plainte agonique comme le précédent. Un peu d'écume aux lèvres.

Mort en une heure cinquante minutes.

Je me suis demandé si je n'avais pas eu le tort de desserrer ma bande et surtout de ne pas établir dès le début ma compression sur le trajet de l'humérale, au-dessus de sa bifurcation. L'effet de cette bande a été excellent, à n'en pas douter; dans le cas précédent où je n'avais pu l'appliquer, la mort est survenue en quarante-cinq minutes; ici elle a mis une heure cinquante minutes à arriver. Il pouvait fort bien se faire que ma compression exercée sur le poignet ait réellement apporté son action sur la cubitale et la radiale ainsi que sur les veines superficielles, mais que l'artère interosseuse plus profonde fut moins comprimée. Les veines profondes ont ainsi livré passage au poison, en quantité faible, il est vrai, car l'hémorragie a été suffisamment abondante pour l'éliminer presque entièrement. Mais dans une région aussi vasculaire que la main, le poison trouvait des voies de pénétration larges et multiples. C'est ce qui fait la gravité de ces blessures. Deux hommes atteints à la main aux affaires de Ouassa, auxquelles je n'assistais pas, sont morts. Aussi, depuis j'ai toujours fait porter la compression sur l'humérale, aussi haut que j'ai pu, et malgré les plaintes du patient, j'ai maintenu la bande pendant deux heures et demie à trois heures, *deux heures étant la survie la plus longue que j'ai observée*. Au combat d'Allio, je me suis fort bien trouvé de cette nouvelle pratique. Les veines comprimées comme les artères ne pouvaient plus ramener un sang empoisonné.

Observation III. — Moussa-Coumba, tirailleur de 1re classe à la 7e compagnie de tirailleurs sénégalais, reçoit dans l'abdomen une flèche harpon partie du tata d'Allio. Ce tirailleur a en vain essayé d'arracher l'arme. Il abandonne les rangs aussitôt. Je cours au-devant de lui, je le fais débarrasser de tous ses effets et j'aperçois le fer profondément enfoncé dans la paroi de l'épigastre. Il est impossible, à cause de ses crochets, de retirer ce harpon. Je débride prudemment la plaie et je retire la flèche qui entraîne avec elle l'épiploon sur une longueur de 0 m. 07 c. à 0 m. 08 c. La blessure est horrible, l'épiploon suit les mouvements de la respiration. L'état moral du blessé est déprimé, il dit qu'il va mourir. Je le rassure, mais sans conviction. Toutefois je recommande aux hamacaires de sucer la plaie pendant environ cinq minutes. J'applique ensuite un pansement individuel sur la plaie et je fais étendre le blessé. Il souffre, mais son pouls reste bon. Je lui donne de l'éther avec un peu d'eau sucrée. Les indigènes conseillent en effet de ne pas boire beaucoup. Je laisse également ses camarades lui administrer un contrepoison pour voir de nouveau si cet antidote a quelque action.

Au bout de trente minutes environ, le blessé vomit. Les indigènes attribuent ces vomissements au contrepoison. Pour moi ce sont des effets de l'action du poison, car je les ai observés chez des blessés qui n'avaient pas pris d'antidote.

Au bout de deux heures, le pouls est toujours plein, régulier, bon et les douleurs du malade vives se calment assez sous l'influence de quelques gouttes d'éther et de laudanum que je lui administre. Je considère le malade comme exempt de danger immédiat. La succion, sérieusement et longtemps pratiquée a eu une bonne influence. *Le blessé ne mourra pas du poison.* Malheureusement il est mortellement atteint par cette plaie perforante de l'abdomen.

Il est tranquille jusqu'à quatre heures du soir, où il est repris de douleurs fort violentes qui nécessitent une piqûre de 1 centigramme de morphine. La nuit est calme jusque vers trois heures du matin où il est repris de douleurs. Nouvelle piqûre de 1 centigramme de morphine.

Vers huit heures du matin, le lendemain, son état empire, son pouls se déprime. Je pratique une injection d'éther qui ne relève pas le pouls et le blessé meurt à neuf heures du matin.

Observation IV. — Hamacaire armé, en montant à l'assaut du tata d'Allio reçoit une flèche qui, tombant verticalement, pénètre sous la peau et les chairs à hauteur du sourcil droit. Cette flèche rasant l'os frontal passa derrière la paupière supérieure, embrocha verticalement le globe oculaire et sa pointe vint faire saillie sous la paupière inférieure, mais sans perforer la peau. La pointe était un harpon. Elle était chargée de poison et venait d'être trempée dans cette composition fraîche. Je mis environ cinq minutes à retirer cette flèche. Cette blessure, épouvantable à voir, était mortelle. Je fis absorber une dose d'éther à cet homme afin de le stimuler. Il en absorba une demi-cuillerée à café dans environ une cuillerée d'eau sucrée.

Il resta assis sans se plaindre, et, en moins de trois quarts d'heure, sans avoir présenté d'autre phénomène qu'un peu de faiblesse du pouls, il se rejeta en arrière, présenta les mêmes symptômes que les deux précédents et mourut.

Il avait pris également du contrepoison, car la blessure était si grave que, ne possédant pas d'antidote, je ne voulais pas refuser à cet homme une chance, si minime fût-elle, de survie, si ce contre-poison indigène pouvait la lui donner.

Il eut des vomissements au bout de vingt minutes environ. Les gens du pays considèrent qu'un malade qui vomit est hors de danger. C'est une idée absolument fausse, ainsi que je l'ai constaté. Les vomissements sont dus au poison.

Observation V. — M. A..., lieutenant d'infanterie de marine à la 8e compagnie de tirailleurs sénégalais, en entraînant ses hommes à l'assaut du tata d'Allio, le 31 décembre 1897, reçoit une flèche qui, tombant verticalement, le frappa violemment à la face interne du bras gauche, dans son tiers supérieur à 1 centimètre environ des vaisseaux huméraux en dedans d'eux. La blessure avait 2 centimètres de profondeur et, comme il avait le bras levé, son trajet suivait une direction de bas en haut.

J'agrandis la plaie qui était punctiforme et je la fis sucer longtemps pendant que j'appliquais au-dessus d'elle une bande élastique. Le goût du sang mélangé de poison était assez amer au dire du hamacaire, de sorte que la flèche était considérée comme bien empoisonnée.

Je fis asseoir le blessé dont le pouls se maintint assez bon pendant la première demi-heure, mais, au point de vue moral, il était un peu frappé. Au bout de ce temps, il voulut s'étendre à tout prix; je m'y opposai pour me conformer aux idées des indigènes, et le pouls commençant à présenter des modifications inquiétantes, j'administrai au blessé une demi-cuiller à café d'éther dans une cuiller d'eau sucrée, ne voulant pas le faire boire davantage malgré son désir. Les modifications du pouls étaient caractérisées par des *intermittences très pro-*

noncées. On observait quatre ou cinq pulsations suivies d'un arrêt qui semblait assez long, puis le pouls reprenait. En même temps, le malade éprouvait de violentes douleurs dans le bras.

Environ toutes les dix minutes, je dus redonner de l'éther à la dose d'une demi-cuillerée à café de ce médicament, ce qui fait qu'au bout d'une heure et demie il avait absorbé deux cuillers à café de ce stimulant, *dont l'effet a été absolument remarquable.*

Le pouls, qui avait perdu sa force et qui était intermittent, se remontait presque instantanément.

Je suis convaincu que cet officier serait mort sans l'emploi à hautes doses de ce médicament.

L'effet général produit était aussi excellent. La dépression physique disparaissait. La douleur persistait violente dans le bras. Malgré le malade, qui demandait à ce que je desserre la bande élastique, je la maintins en place pendant deux heures.

Passé ce temps, le blessé se trouvant bien mieux et le pouls reprenant sa force et sa régularité, je desserrai la bande considérant tout danger comme écarté.

Je l'enlevais définitivement au bout de trois heures, et je mis alors un pansement sur la plaie.

La guérison survint en une quinzaine de jours sans suppuration.

Telles sont les observations les plus frappantes au point de vue de l'action du poison que je puisse soumettre ici. On voit donc que les principaux symptômes que j'ai observés sont :

1° Un pouls plein et très fort pendant les quinze à vingt minutes qui suivent la blessure.

2° Une faiblesse générale avec obnubilations, oppression, faiblesse et intermittences du pouls, tous symptômes se trouvant à la fois ou isolément suivant les individus. Le blessé qui peut se rendre compte de son état, comme un Européen, par exemple, compte, à chaque instant, les minutes qui s'écoulent depuis le moment de sa blessure et tel individu qui resterait à sa place de combat s'il recevait un coup de feu accourra immédiatement, et avec raison, à l'ambulance pour se faire soigner. Une faiblesse générale, qui coupe bras et jambes, s'empare rapidement des blessés. L'état nauséeux ou de véritables vomissements sont la règle. Enfin la douleur est souvent très vive, variable avec les individus. Elle ne doit pas, aux membres, être toujours mise sur le compte de la compression élastique, car, d'après le dire des officiers qui ont assisté aux combats où il n'y avait pas de médecin et où on n'a pu donner des soins minutieux, des blessures de la main, du bras où on n'a pas fait de compression ont été très douloureuses.

La mort est arrivée fort rapidement, de trois quarts d'heure à deux heures. Passé ce temps, le malade peut être considéré comme sauvé. Il pourra mourir plus tard de la blessure, si elle est pénétrante, mais ne mourra pas du poison.

Les derniers symptômes se traduisent par de l'angoisse précordiale, un peu de dyspnée, des convulsions toniques, la convulsion des yeux, une plainte agonique et la sortie d'un peu d'écume.

Au moment où j'ai écrit ces notes, je n'avais pas encore lu l'étude du Dr Le Dantec; on verra que ce que j'ai remarqué n'en diffère pas d'une façon générale.

Toutefois, jamais je n'ai vu les hommes mourir aussi rapidement que l'a dit le Dr Béréni, ni les blessés se coucher sur le ventre et gratter le sol de leurs ongles.

Voici maintenant les autres blessures que j'ai observées et soignées.

Combat de Bégourou (4 novembre 1897).

Sary, tirailleur haoussa auxiliaire. — Blessure de la face dorsale du pied gauche. Très légère, elle guérit sans complications au bout d'une huitaine de jours.

Moktar-N'Diaye, tirailleur sénégalais, 8e compagnie. — Cet homme a été atteint par une flèche arrivée au terme de sa course, heureusement pour lui. Elle dut en outre traverser le paletot de molleton de ce tirailleur et rencontra la deuxième côte droite. L'os arrêta la marche de la flèche. La blessure guérit rapidement. Le malade ne présenta aucun symptôme alarmant.

Porteur atteint par une flèche à la face postérieure de la cuisse. Elle lui fut décochée dans le dos par un Bariba qui s'était caché dans une case, et qui de là tirait sur les individus qu'il pouvait atteindre. Il trouva le moyen d'en blesser deux, et il fallut qu'un cavalier gourma se couvrît de son grand bouclier en peau de bœuf pour entrer dans cette case et tuer l'homme à coups de sabre.

Ce porteur reçut la flèche, qui suivit un trajet de 3 centimètres de longueur se dirigeant vers le haut du membre. Il n'y eut aucun symptôme grave, parce qu'il put la retirer aussitôt et parce que la bande élastique put être appliquée et longtemps maintenue.

Le 20 novembre, je dus inciser aux ciseaux le long trajet fistuleux qu'avait fait la flèche, et qui était rempli de fongosités. Je le grattai, je cautérisai légèrement et je bourrai de gaze.

Le 30 novembre, le malade était guéri. Il avait fallu vingt-six jours pour atteindre ce résultat. Plusieurs de ces plaies ont mis, en effet, beaucoup de temps à guérir par atonie ou par suppuration.

Un porteur fut atteint d'une flèche à la face antérieure du genou droit, flèche partie de la même case. Guérison sans accidents, mais un peu lente.

Combat des Ruines de Tiraré (8 novembre 1897). — En dehors du sergent Suleyman-Barka, qui succomba seul, j'eus encore à donner mes soins à 12 blessés.

Oukponou, tirailleur djedj. — Séton de la face externe de la jambe droite. La guérison ne fut obtenue qu'avec beaucoup de difficultés, et après une abondante suppuration engendrée probablement par la poussière qui pouvait couvrir la flèche. Malgré des pansements humides employés dès le début, des fusées purulentes se dirigèrent dans les muscles de la face postérieure de la jambe et sous la peau.

La guérison demanda un mois et demi, des incisions multiples, un grattage des fongosités, des pansements humides matin et soir.

Cependant les mouvements revinrent facilement malgré une longue cicatrice située à la face postéro-inférieure de la jambe.

Salou, tirailleur haoussa auxiliaire. — Blessure de la face antéro-interne du bras gauche. Guérison sans troubles ni complications en une douzaine de jours.

Aïna, tirailleur haoussa auxiliaire. — Blessure de la face antéro-interne de la cuisse gauche.

Boco, tirailleur djedj. — Blessure de la face dorsale du gros orteil droit, à la base de la phalange.

Oudokpa, tirailleur haoussa auxiliaire. — A eu l'ongle du gros orteil droit coupé par une flèche.

Oïenïa, tirailleur haoussa auxiliaire. — Blessure de la face antéro-externe de l'avant-bras gauche. Cette blessure fut fort douloureuse, ce qu'on peut attribuer et à la compression élastique et à l'action même du poison. La flèche pénétra profondément au-devant des deux os de l'avant-bras. Il n'y eut pas de symptômes graves. Mais une suppuration extrêmement abondante s'établit. A la date du 19 novembre, les muscles antérieurs de l'avant-bras étaient décollés et la dénudation de la face externe du radius m'inquiétait. Cependant l'os avait bon aspect.

Grands lavages au sublimé. Mèche de gaze bichlorurée pour permettre au pus de s'écouler facilement. Le lendemain déjà, le pus séjournait moins. Le même pansement est refait avec de la gaze iodoformée. Grand enveloppement ouaté.

23 novembre. L'os est à moitié recouvert par les chairs qui bourgeonnent à la partie externe. Pansement sec.

26 novembre. Section de la peau. Pansement occlusif.

4 décembre. Guérison.

Oualy-Fall, tirailleur sénégalais auxiliaire. — Blessure de la face interne de la cuisse gauche. Guérison rapide et sans accidents.

Sambou-Bahoun, tirailleur sénégalais auxiliaire. — Blessure superficielle de la face externe de la cuisse gauche.

Amadou-Sâr, tirailleur sénégalais auxiliaire. — Blessure superficielle de la face externe de la hanche gauche.

Samba-Sâr, caporal de tirailleurs sénégalais. — Blessure de la face dorsale du pied gauche dans le cinquième espace intermétatarsien. Cette blessure insignifiante demanda près d'un mois pour la guérison, après grattage des fongosités qui avaient pris naissance.

Amadou, tirailleur haoussa auxiliaire. — Blessure de la face interne de la jambe droite dans sa partie inférieure. Guérison rapide.

Bakary-Konaté, tirailleur sénégalais, 8e compagnie. — Plaie non pénétrante de la région laryngo-trachéale par une flèche empoisonnée rendue au terme de sa course.

Combat du village fortifié d'Allio (31 décembre 1897). — En dehors des 2 morts dont j'ai déjà parlé et de la blessure du lieutenant A..., j'eus encore à donner mes soins à 15 autres blessés.

Capitaine G..., commandant la reconnaissance, reçut une flèche à la partie antéro-supérieure de la cuisse gauche. Cette flèche, qui était très empoisonnée, avait un fer losangique. Elle pénétra de 2 centimètres dans les tissus à la face externe du triangle de Scarpa, à peu de distance des vaisseaux. J'agrandis l'ouverture et je débridai sur une longueur d'environ 2 centimètres, puis je fis sucer la plaie. Au goût, les hamacaires reconnurent que le poison ne devait pas être très frais. J'appliquai ma bande élastique, que je laissai en place deux heures et demie. L'hémorragie fut assez prononcée; le moral resta excellent. Le blessé se préoccupait du temps qui s'écoulait. Le pouls se maintint très bon. Il eut quelques nausées, mais aucun autre accident.

Abdoulaye-Sô, caporal de tirailleurs sénégalais, est, dès le début de l'action, atteint par un harpon très chargé de poison à la face externe de l'avant-bras gauche, tout à côté de l'articulation du coude. J'appliquai ma bande élastique très haut sur le bras; incision très longue, succion prolongée, cautérisation à l'acide phénique pur, hémorragie, pansement au bout de trois heures seulement.

Blessure douloureuse; je refuse d'enlever la bande au blessé avant que deux heures se soient écoulées, quelques troubles de la vue. Le pouls faiblissant un instant, je fais une piqûre de 0 gr. 15 de caféine. Guérison sans autre accident.

Bakary-Sissoko, tirailleur sénégalais, 8e compagnie. — Blessure de la face interne et inférieure de l'articulation du genou droit. Traitement *ut supra*. Pansement soigné, car la blessure est légèrement pénétrante. J'observai ensuite une hydarthrose assez prononcée de ce genou qui guérit en quarante-cinq jours par les procédés ordinaires.

Mandè-Sangarè, tirailleur sénégalais, 8e compagnie. — Séton de la face externe de l'épaule droite, de haut en bas et d'avant en arrière.

Sori-Moussa-Konatè, tirailleur sénégalais, 8e compagnie. — Séton de la face externe de l'épaule droite, horizontal et d'avant en arrière.

Moussa-Sissé, tirailleur sénégalais, 8e compagnie. — Plaie de la face supéro-externe du pied droit, à la base du quatrième orteil.

Siô-Taraourè, tirailleur sénégalais, 8e compagnie. — Blessure non pénétrante de la poitrine. La flèche rencontre la face externe de la clavicule. Je débridai largement et je fis sucer longtemps. Elle était très riche en poison. L'hémorragie fut assez abondante. Guérison sans accident.

Famourou-Kamara, tirailleur sénégalais, 8e compagnie. — Blessure de la partie interne de la plante du pied droit par une flèche arrivée au terme de sa course verticale.

N'San-Taraolè, tirailleur sénégalais, 8e compagnie. — Blessure de la face interne (base) du gros orteil droit.

Lancina-Kamara, tirailleur sénégalais, 8e compagnie. — Plaie non pénétrante du dos par une flèche tombant verticalement au moment de l'assaut.

Demba-Sy, tirailleur sénégalais, 8e compagnie. — Deux blessures de la jambe droite.

Toumanè-Sidibè. — Blessure de la face dorsale du médius gauche.

Manguinou, hamacaire armé. — Blessure de la face interne du bras droit.

Aly-Seck, tirailleur sénégalais, 8e compagnie. — Blessure de la face antéro-externe de la jambe droite.

Ces trois combats donnent donc un total de 36 hommes atteints par les flèches, et, sur ce nombre, je n'ai eu à déplorer que 4 morts. Je vais maintenant mettre en regard de ces résultats les pertes éprouvées par la colonne Vermeersch ou dans les combats livrés par des détachements isolés, ou par la mission Bretonnet, tous cas dans lesquels les blessés n'ont reçu *aucun soin d'un médecin sur le champ de bataille.*

MISSION BRETONNET.

Combat de Zali (mars 1897). — 4 blessés; ont tous guéri.

Combat et prise d'assaut de Oua-Oua (avril 1897). — 15 blessés; il en meurt 3. Je n'ai pas le détail des blessures.

Prise de Kandy (21 juin 1897). — 2 blessés. Il en meurt 1. Le survivant appartenait à la 8e compagnie.

Sory-Kourouma, tirailleur sénégalais, 8e compagnie. — Ce tirailleur venait apporter un courrier de Baniqoara à Kandy avec un de ses camarades et deux miliciens, quand il entendit la fusillade et se heurta à un parti de Baribas qui voulaient lui barrer le passage. Il ouvrit le feu avec ses trois hommes sur l'ennemi et franchit ses rangs après avoir reçu trois blessures, à quelques mètres de distance.

La première flèche a déterminé un séton de l'épaule droite, de 0 m. 10 à 0 m. 12 de longueur, à un travers de main en avant et au-dessous de l'acromion. Il a pu arracher le fer aussitôt, ce qui a été fort douloureux. Il avait son paletot de molleton, ce qui a dû enlever une partie du poison de la flèche. La plaie a saigné assez sérieusement. La deuxième flèche, tombant verticalement, rencontra l'acromion et n'eut pas d'autre effet. La troisième rasa, en le blessant, le médius de la main droite.

Cet homme fut blessé vers une heure de l'après-midi. Il me raconta qu'il eut la fièvre la nuit, et qu'il lui a été impossible de se servir de son bras pendant vingt-quatre heures. Il eut des vomissements, quelques vertiges. Six jours après, au moment où il m'arriva à Kodjar, les plaies étaient en bonne voie de guérison, et il levait son bras facilement.

Milicien. — Il fut tué. Après avoir franchi les rangs de l'ennemi, il reçut une flèche harpon dans la région lombaire. La plaie était pénétrante, le fer ne put être extrait. La mort survint au bout de quarante-cinq minutes.

Combat de Kakodji. — 4 blessés, pas de mort.

Premier combat de Moré (14 septembre), *deuxième combat de Moré* et *combat de Barou* (15 septembre). — Ces trois combats, où le commandant Bretonnet attaque un ennemi très supérieur en nombre, vit 29 hommes atteints par flèches empoisonnées. Sur ces 29, 4 succombèrent, et, parmi eux, un inspecteur européen de 3e classe de la milice, M. C..., qui mourut dans les conditions suivantes.

M. C..., inspecteur de la milice. — Il reçut à travers son casque une première flèche qui l'atteignit à la tête. Il l'arrachait quand il reçut à la face interne de l'avant-bras une deuxième flèche qui le blessa profondément. Tout le monde étant obligé de faire face à l'ennemi, il ne put recevoir aucun soin. Cette blessure fut excessivement douloureuse, et la mort survint en trente-cinq minutes environ. On le coucha sur son lit, où il s'éteignit assez doucement. Je n'ai pu malheureusement avoir le détail des blessures, sauf pour les quatre tirailleurs de la 8e compagnie dont les noms suivent :

Amadou-Guèye. — Blessé au bras droit.
Moussa-Sissè. — Blessé à l'épaule gauche.
Amadou-N'Diaye. — Blessé à la fesse gauche.
Aly-Kamara. — Blessé à la jambe gauche.

La mission Bretonnet eut donc 54 blessés, dont 8 moururent.

COMBATS LIVRÉS PAR DES DÉTACHEMENTS DE LA 8e COMPAGNIE ET PAR LA COLONNE VERMEERSCH (SANS L'ASSISTANCE D'UN MÉDECIN).

Surprise d'un convoi à Guilmaro (juillet 1897). — 8 hommes atteints. Il en meurt 2.

Mamadi-Bâ, sergent sénégalais à la 8e compagnie. — Chargé de conduire un convoi, est attaqué dans un ravin. Il reçoit trois flèches :

deux à la face interne de la jambe gauche et une à la joue droite. Il les arrache aussitôt et n'éprouve aucun accident.

Bakary-Diallo, tirailleur sénégalais, 8e compagnie, reçoit une flèche dans la cuisse gauche. Elle pénètre très profondément, ne peut être extraite. Le blessé meurt fort rapidement.

Un porteur est tué et cinq sont blessés.

Attaque d'un convoi d'évacuation à Nansougou (15 juillet 1897). — 3 blessés et aucun mort.

Th. de la B..., sergent européen, 8e compagnie. — Atteint à la hauteur de la deuxième côte droite par une flèche arrivée au terme de sa course, qui, ayant rencontré l'os, ne détermine aucun accident. Le blessé a d'ailleurs débridé la plaie avec un canif et l'a fait longuement sucer.

Dantouma-Taraouré, tirailleur sénégalais, 8e compagnie, est atteint par une flèche qui lui détermine un séton de l'épaule gauche. Guérison sans accidents.

Un hamacaire a le bras traversé par une flèche. Blessure très sérieuse. Guérison sans accident.

Combat de Diapaga (*Gourma*) [30 juillet 1897].

Malal-Dembalè, tirailleur sénégalais, 8e compagnie. — Blessure non pénétrante de 0 m. 02 de profondeur. C'était une pointe qui pénétra dans la région lombaire gauche, lancée à environ 50 mètres de distance. Le blessé a pu la retirer aussitôt. La flèche eut à traverser un paletot de molleton et un tricot. Il n'éprouva aucun inconvénient. Guérison en six jours.

Affaires d'Ouassa (14 et 15 septembre 1877). *Combat de la rivière Bérou* (14 septembre). — Malgré une marche prudente, la colonne est presque surprise par l'ennemi, qui se dresse à 60 mètres d'elle en poussant des cris affreux. Les flèches ont leur portée la plus favorable et leur plus grande force de pénétration.

Combat de Gountia (15 septembre). — Ces deux journées, auxquelles je n'ai pas assisté, ont vu 17 blessés; 6 d'entre eux moururent. C'est une proportion effrayante, et on peut dire que ces deux combats ont été *les plus sanglants* de la colonne.

Voici ce que j'ai appris au sujet des morts. Quant aux blessés, j'ai donné mes soins à plusieurs quinze jours après, car ces plaies avaient été accompagnées presque toutes de complications.

Sou-Kamara, tirailleur sénégalais, 8e compagnie. — Meurt d'une plaie pénétrante à l'abdomen.

Samba-Diallo, tirailleur sénégalais, 8e compagnie. — Blessé à la main droite, meurt assez rapidement.

Boubakar-Sy, tirailleur sénégalais, 8e compagnie. — Mort d'une flèche dans la cuisse gauche.

Boco, hamacaire armé. — Plaie pénétrante de l'abdomen. Mort.

Capo, hamacaire armé. — Meurt en trente minutes d'une flèche qui pénètre entre l'index et le médius.

Arouna-Filanè, milicien. — Reçoit une flèche dans la cuisse gauche, flèche venue par derrière. La piqûre paraissait insignifiante, la mort survint très vite.

Samba-Guèye, tirailleur sénégalais, 8e compagnie. — Reçoit une flèche à la face externe du bras gauche, à un travers de main au-dessus du coude. Guérison rapide.

Amadou-Diallo, tirailleur sénégalais, 8e compagnie. — Blessure non pénétrante de la poitrine à hauteur de la quatrième côte gauche. Guérison avec un peu de périostite et douleurs névralgiques qui disparurent rapidement.

Sissou, porteur. — Reçoit une flèche à la face externe de la partie inférieure de la cuisse gauche. Guérison en trois semaines.

Un palefrenier haoussa. — Flèche dans la nuque. Guérison par suture au bout de quelques jours.

Locossou, tirailleur djedj. — Blessure à la cuisse gauche. Guérison.

Boubou, tirailleur sénégalais auxiliaire. — Blessure légère du dos. Guérison.

Boco, tirailleur djedj. — Blessure du mollet gauche. Guérison.

Ounon, tirailleur djedj. — Blessure de la cuisse gauche. Guérison.

Katry, hamacaire soldat. — Reçoit une flèche à la face interne du coude gauche. On dut pratiquer avec un couteau de poche une contre-ouverture pour enlever la flèche, qui était profondément implantée. C'est le seul homme pour lequel on eut l'idée de faire une solide ligature au bras, avec une corde. Sans cette précaution, il serait mort probablement. L'hémorragie abondante contribua à le sauver. Quand j'arrivai à Kuandè, le 1er octobre, je trouvai un coude très épaissi où le stylet trouvait un trajet bourré de fongosités. Ce trajet fistuleux avait 4 centimètres de long et se dirigeait vers l'articulation, intacte.

Je fis sous la cocaïne une incision le plus près possible du coude. Le pus s'écoula plus librement, et quinze jours après le malade était guéri.

Diossou, tirailleur djedj. — Blessé à l'avant-bras gauche par une flèche qui traversa le membre de part en part. Il fallut pratiquer une contre-ouverture avec un couteau sur le dos de l'avant-bras pour extraire la flèche. Je trouvai le membre épaissi, les os dénudés, du pus en abondance. Sous l'influence de soins appropriés, tout finit par s'arranger, et quinze jours après le malade était guéri.

Le cuisinier d'un officier reçut aussi une flèche à la face interne de la cuisse droite, à hauteur du triangle de Scarpa. Il avait une des blessures les plus profondes, et il n'en résulta aucun accident. Le 1er octobre, je le trouvais avec une cuisse tuméfiée, et du pus s'écoulait en abondance d'une sorte de poche fluctuante et transversale. J'incisai celle-ci, je grattai des fongosités, mais la fièvre revenant tous les soirs, je m'aperçus que le pus venait de la profondeur du membre, qui était très tuméfié à sa partie moyenne. Je ponctionnai avec ma seringue de Pravaz. Le pus devait être très profond, car je ne le trouvai pas. Je fis de grands pansements humides, et je pressai chaque jour sur cette poche qui se vida de la sorte. La guérison arriva en une vingtaine de jours.

Combat de Gountéré (5 septembre 1897). — 2 tirailleurs de la 8e compagnie furent blessés. Il en mourut 1.

Malal-Demba, tirailleur. — Plaie perforante de l'abdomen. Mort en une demi-heure environ dans d'atroces souffrances.

Ciriman-Diara, tirailleur. — Séton de l'épaule droite. Guérison sans complications ni accidents.

Combat de Bétay (25 novembre 1897). — 2 blessés.

Un tirailleur auxiliaire dedj, blessé par une flèche (pointe) à la face externe de l'avant-bras. Je n'accompagnais point cette reconnaissance, mais mon infirmier, qui était intelligent et qui m'avait vu procéder avant, donna des soins au blessé. Guérison.

Le cuisinier du capitaine D... fut atteint par une flèche (pointe) à la face interne du pied droit, à la base de la première phalange du gros orteil. Il a fallu retirer le fer par une autre ouverture sous la plante du pied, à deux travers de doigt au-dessous du pli digito-plantaire. La plaie s'étant refermée et ne saignant pas, le capitaine D... la débrida pendant que l'infirmier appliquait la bande. La plaie fut ensuite cautérisée légèrement à l'acide phénique pur.

La bande resta près de deux heures en place.

Cet homme ayant présenté des intermittences de pouls et des vertiges, le capitaine D... lui administra 20 gouttes d'alcoolature d'aconit, qui donnèrent d'excellents résultats.

La guérison avec suppuration de la plaie demanda une quinzaine de jours.

Combat d'Ilesha (9 septembre 1897). — Ce combat fut livré au village d'Ilesha (Borgou) par un détachement de 60 hommes de milice, sous les ordres d'un inspecteur de la milice, M. B..., qui venait renforcer la mission Bretonnet. 14 blessés. Il en mourut 3.

Les blessures sont ainsi réparties :

M. B..., inspecteur. — Une flèche dans la cuisse gauche (région postérieure); une flèche dans la cuisse gauche (région latérale); une flèche non pénétrante de l'abdomen. Guérison avec suppuration.

Goujo, milicien. — Cet homme mourut d'une blessure au bras et d'une plaie pénétrante de la poitrine.

Labodi, milicien. — Cet homme mourut d'une flèche dans la cuisse droite.

Adeshina, milicien. — Blessé au bras gauche. Mourut au bout de deux heures environ.

Kelani, brigadier de milice. — Deux flèches à la tête.

Olabi, milicien. — Blessure de la main.

Daramola, milicien. — Une blessure à la main, deux au pied.

Dinadou, milicien. — Blessure au pied.

Odiomalakè, milicien. — Blessure à la main. Plaie non pénétrante de la région lombaire.

Eguè, milicien. — Blessure du pied.

Adéoyè, milicien. — Plaie non pénétrante du dos.

Ogoundeiroun, milicien. — Blessure de l'avant-bras.

Odjo et Odjopè, miliciens. — Blessure non pénétrante de l'abdomen.

Combat de Madécali (*Dendi*) [novembre 1897]. — 3 blessés, il en meurt 1.

M. B..., capitaine d'infanterie de marine, est atteint par une flèche empoisonnée à la face antérieure de l'articulation du coude gauche. La flèche fut aussitôt arrachée. Il ne se croyait pas blessé, car il n'avait ressenti aucune douleur, mais seulement l'effet que produirait un choc violent sur le bras. C'est l'impression que donne la flèche, en général, quand elle s'implante dans les tissus. Au bout de 2 minutes environ, cet officier ressentit une grande faiblesse, en même temps que la plaie, très douloureuse, le faisait assez souffrir pour qu'il passât le commandement à un gradé. Il eut heureusement l'idée de se faire au bras une solide ligature et de faire bien sucer la plaie. Guérison avec légère suppuration.

Milicien atteint d'une plaie pénétrante de la poitrine à laquelle il succomba au bout de trois jours.

Tirailleur sénégalais auxiliaire blessé au bras gauche.

Seconde attaque du poste de Kuandè (21 à 25 novembre 1897). — 3 blessés. Il en mourut 2.

Je n'ai pas eu le détail des blessures. Le survivant, qui appartenait à la 8e compagnie de tirailleurs, fut légèrement atteint à la cheville.

Un des morts succomba en deux heures à une blessure de la cuisse.

Le total des hommes atteints par les flèches empoisonnées dans cette troisième série de combats s'élève à 53, sur lesquels il y eut 15 décès.

Donc, pour me résumer, on voit que :

La première série de combats, ceux auxquels j'ai assisté, où j'ai pu donner aux blessés des soins immédiats (Bégourou, Tiraré, Allio), donne un chiffre de 4 morts sur 36 blessés, soit 11 p. 100 de décès.

La deuxième série de combats, ceux qui ont été livrés par la mission Bretonnet, sans l'aide d'un médecin, donne 8 morts sur 54 blessés, soit 14,8 pour 100 de décès.

La troisième série de combats, livrés également (sans secours médicaux immédiats) par des détachements isolés et par la colonne Vermeersch, donne 15 morts sur 56 blessés, soit 23,8 p. 100 de décès.

Ce dernier chiffre est énorme.

Et encore dois-je considérer que ce chiffre de 15 morts ne porte que sur 54 blessés, car 2 d'entre eux ont été soignés au combat de Bétay par mon infirmier noir qui m'avait vu procéder et qui était muni par mes soins de tout ce qui était nécessaire au pansement de ce genre de blessures.

Traitement employé. — C'est surtout à la rapidité avec laquelle un médecin peut donner des soins que j'attribue la guérison du plus grand nombre de ces blessures de flèches.

Voici le traitement que j'ai systématiquement employé :

1° Arrachement du fer de la flèche par voie d'entrée ou par une contre-ouverture, quand j'étais obligé d'en pratiquer une.

2° Pendant que j'enlevais le fer, l'infirmier appliquait à la racine du membre, autant que possible sur le tronc unique des artères principales, la bande élastique en caoutchouc vigoureusement serrée et laissée en place deux heures et demie à trois heures.

3° Agrandissement de la plaie d'entrée, généralement punctiforme, au moyen du bistouri.

4° Succion prolongée pendant plusieurs minutes.

5° Toucher du trajet de la flèche avec un tampon imbibé d'acide phénique pur. Je lavais ensuite aussitôt les bords de la plaie à grande eau pour enlever l'excès de liquide caustique.

6° Stimuler l'énergie cardiaque, atteinte d'une façon incontestable, ainsi que le prouvent les intermittences du pouls. J'avais d'abord pensé à l'emploi de la caféine, à la dose de 0 gr. 15 à 0 gr. 30 en une fois. Mais on a vu que les deux observations que j'ai citées ne paraissent pas favorables à l'action de ce médicament. J'ai cependant constaté une troisième fois que ce médicament avait relevé le pouls qui faiblissait, mais enfin ces résultats ne m'ont pas satisfait. Je pensai alors à l'emploi d'un *stimulant diffusible*, et c'est ce qui me conduisit à faire usage de l'ÉTHER au combat d'Allio. L'observation V, que j'ai citée, est un exemple des merveilleux résultats que m'a donnés ce médicament. Outre l'absorption répétée de l'éther par la voie gastrique, que je donnais au blessé chaque fois que les intermittences s'accusaient, je lui faisais respirer le flacon de temps en temps. J'ai été frappé de la façon dont le pouls se relevait rapidement, et je répète que sans le maintien, malgré les plaintes du blessé, de la bande en caoutchouc et sans l'emploi de ce stimulant, cet officier aurait infailliblement succombé. De tous les blessés, c'est lui qui m'a le plus réellement inquiété.

Je ne possédais pas d'aconit (teinture), mais, au combat de Bétay, le capitaine D..., qui en avait reçu un petit flacon du Dr Gouzien, médecin-chef de Porto-Novo, s'en est bien trouvé.

7° Enfin je favorisais l'hémorragie qui s'accusait au bout de quelques minutes sous l'influence de la compression qui entraînait ce qui restait du poison. Je laissais la plaie à découvert jusqu'à la fin du combat, craignant que l'application d'un pansement ne gênât l'écoulement du sang. Ensuite je lavais la plaie avec soin et j'appliquais de larges pansements humides pendant les premiers jours, dans le but de modérer surtout la réaction inflammatoire qui suit quelques-unes de ces blessures.

C'est donc au traitement combiné par la bande élastique et par l'éther que je donne la préférence. Toutes les fois que j'ai pu appliquer cette compression sur les membres, j'ai vu les meilleurs résultats. La preuve en est que la mort, dans les quatre cas que j'ai eus, a été provoquée :

1° Par une blessure de la fesse, où il m'a été impossible d'appliquer la bande;

2° Par une plaie pénétrante de l'abdomen;

3° Par une blessure de l'œil droit (ces deux blessures mortelles, même en l'absence de poison);

4° Par une plaie de la main au sujet de laquelle j'ai fait des réflexions.

Degré de gravité des blessures. — Les blessures les plus dangereuses sont produites par la flèche harpon. Les deux angles inférieurs s'opposent à la sortie de l'arme, dilacèrent les tissus et déterminent des blessures affreuses à voir. En outre, les flèches récemment trempées dans du poison sont certainement les plus dangereuses. La gravité des blessures ressort, encore, de leur siège.

En premier lieu, je place les plaies perforantes de l'abdomen, dont on trouve quatre cas dans l'énumération de ces blessures. La mort a toujours été observée, et trois fois dans l'espace de deux heures au plus; une fois, vingt-quatre heures après. Dans ce dernier cas, la mort n'était pas occasionnée par le poison, mais par le siège de la blessure.

En deuxième lieu, les plaies pénétrantes de poitrine, bien plus rares que les précédentes, quoiqu'un certain nombre d'hommes aient été atteints à la cage thoracique ; cela tient à ce que les flèches rencontrent une surface mieux protégée, à ce que les hommes avaient leur paletot de molleton, une cartouchière de poitrine et à ce que la plupart de ces flèches ont rencontré les os, et, arrivés peut-être au terme de leur course, n'ont pu aller plus loin.

Après les plaies pénétrantes, à quelque région qu'elles appartiennent, je place celles de la fesse, où on ne peut appliquer la compression élastique; les plaies de la main viennent ensuite, et leur gravité s'explique par les nombreuses voies de pénétration du poison, qui, arrivant dans la circulation, fait l'effet d'une injection massive. Or, la toxicité de cette substance a été observée à des doses infinitésimales. Le blessé a donc les plus grandes chances d'être rapidement enlevé quand il reçoit une blessure dans des régions aussi riches en vaisseaux que la main. A Tiraré, mon blessé de la main me donne un mort. A Ouassa, deux blessures de la main entraînent deux morts.

Enfin les blessures de la cuisse, quand le fer entre à une grande profondeur, sont également fort dangereuses. Là aussi, c'est une région vasculaire, et on a remarqué que la mort est survenue dans la plupart des cas.

Des contrepoisons des indigènes et des idées des gens du Haut-Dahomey sur le traitement de ces blessures. — Quand un homme reçoit une flèche empoisonnée, les gens du Haut-Dahomey pratiquent la ligature et la succion de la plaie. Ils recommandent ensuite :

1° De ne pas laisser étendre le blessé par terre;

2° De ne pas laver la plaie à grande eau;

3° De ne pas boire;

4° De prendre des contrepoisons.

Ne pas laisser étendre le blessé est peut-être une bonne chose en ce sens que l'individu qui a reçu une flèche est rapidement envahi par une lassitude générale. Ses jambes refusent de le soutenir, et il est souvent très affecté au point de vue moral.

Il faut stimuler, j'en suis convaincu, l'organisme par tous les moyens possibles, encourager le blessé, le distraire et l'empêcher d'obéir à l'accablement qui l'envahit. On le fera donc asseoir parce qu'il ne peut rester debout, mais on suivra cette pratique indigène, qui paraît absolument rationnelle.

Ne pas laver la plaie est peut-être moins important, si on a fait une bonne ligature au-dessus de la blessure; je ne crois pas que le lavage puisse favoriser la dissolution du poison et sa diffusion plus facile dans l'organisme, comme semblent le craindre les indigènes; il ne pourrait, au contraire, que l'entraîner. Mais je n'ai jamais lavé la plaie immédiatement parce que je préférais la laisser saigner longtemps, comme je l'ai dit plus haut.

Ne pas faire boire le blessé est la chose à laquelle les indigènes attachent le plus d'importance. Je me suis demandé pourquoi, et je crois que cette idée n'est pas dépourvue de bon sens. Tout le monde a pu observer qu'un individu qui a chaud et qui marche, s'il boit une quantité d'eau un peu forte, éprouve quelquefois des malaises qui se traduisent par une certaine faiblesse générale, des envies de vomir, s'il a bu ayant très chaud, des sueurs froides. J'ai observé cela deux ou trois fois chez des tirailleurs qui se précipitaient sur l'eau et en absorbaient de grandes gorgées. C'est peut-être pour cela que les gens du pays font cette recommandation. Comme on est, en général, assez excité au moment d'une action, surtout lors d'un assaut, il pourrait se faire que du liquide absorbé sans mesure ou trop vite, arrivant dans l'estomac, produisît un effet analogue. Or le pneumogastrique est *le nerf commun de l'estomac et du cœur, dont il est le modérateur,* et l'effet produit sur le premier organe pourrait se répercuter d'une manière fâcheuse sur le second. D'ailleurs, j'ai déjà dit qu'on observait, outre les troubles de la circulation, des troubles stomacaux se traduisant par des nausées ou des vomissements.

L'action du poison s'adresse peut-être plutôt au système nerveux du cœur qu'au muscle cardiaque lui-même. J'ai donc résisté aux demandes de boire que m'adressaient la plupart des blessés, et je ne leur donnais qu'une cuiller à bouche ou deux d'eau sucrée dans laquelle je mettais de l'éther. Dans ces conditions, j'étais utile à l'individu. Peut-être aurait-il été mauvais de le laisser boire à sa guise. Les blessés indigènes n'insistaient d'ailleurs généralement pas.

Quant aux contrepoisons, je ne sais comment ils sont fabriqués ni quelles substances ils renferment. Ce sont des poudres généralement au nombre de deux. L'une a une couleur brun-rougeâtre et est assez grossière et amère. L'autre est une poudre noire, plus fine que la précédente, ayant absolument l'aspect du charbon finement pulvérisé. Jamais je n'ai pu tirer d'un indigène un renseignement quelconque sur les plantes qu'ils emploient pour les composer. On dirait qu'il s'agit d'un secret d'État.

Le chef de Botou m'a donné l'explication la meilleure sur le contrepoison auquel je puis, seul, reconnaître une efficacité quelconque. C'est une sorte de raisiné dans lequel on trouve un grand nombre de grains de piment. D'après ce chef, c'est en effet un mélange de miel et de piment, en grande quantité. Le piment étant un stimulant, je puis admettre que ce contrepoison a quelque valeur. Quant aux deux autres, ce sont des poudres dont j'ignore la composition. J'en ai laissé bourrer les blessés les plus graves. Elles n'ont rien produit.

Beaucoup d'indigènes les prennent avant de marcher au combat. Je doute de leur efficacité dans ce cas comme dans l'autre. Le roi de Kayoma employait une pratique toute différente. Il prenait par la voie stomacale depuis très longtemps des quantités infinitésimales du poison lui-même. Blessé d'une flèche à Kayoma et d'une flèche, en montant avec le commandant Bretonnet et ses tirailleurs, à l'assaut des palanques du village de Moré, il n'avait éprouvé aucun trouble, et c'est à cette coutume que, nouveau Mithridate, il attribuait son immunité.

Je me contente de signaler ce fait, il est toujours curieux, et peut-être pourrait-on diriger dans ce sens des recherches expérimentales.

Je crois avoir été aussi complet que possible dans la rédaction de ce que j'ai observé sur les flèches du Haut-Dahomey; je vais passer maintenant aux blessures par armes à feu. Je donnerai ensuite le total des hommes qui ont été blessés ou tués dans les opérations de guerre de la boucle du Niger et le chiffre spécial à la 8e compagnie de tirailleurs sénégalais, seule force régulière de cette colonne improvisée.

Plaies par armes à feu.

Un tirailleur de la 8e compagnie, détaché à la mission Bretonnet, fut tué par un de ses camarades. Entraîné par son ardeur au moment de l'assaut, il se trouva à quelques mètres en avant de ses camarades et reçut une balle partie du groupe qui était derrière lui. La balle entra par le dos dans la région lombaire et vint ressortir par la fosse iliaque gauche. Il mourut quelques heures après.

Au combat d'Allio, un milicien, du nom d'Oucourou, eut le mollet droit traversé de part en part par une balle ronde. La guérison survint rapidement en une dizaine de jours.

Ce sont les deux seuls cas qui se sont présentés chez les combattants. En dehors d'eux, j'ai observé un sillon de la région latérale gauche du thorax, un séton de la face externe du bras gauche, une plaie pénétrante de la fosse iliaque droite. La balle alla sortir par la région lombaire. Blessé à 6 heures du soir, l'homme expirait à 11 heures dans la nuit.

Enfin j'ai observé une fracture de la cuisse gauche. La balle pénétra à la face externe de la cuisse, à hauteur du trochanter, et alla sortir à la face interne du membre juste au-dessous du pli fessier. Cette blessure était produite par un fusil 1874. Le blessé était un auxiliaire kafiri qui était dans les cases du village de Bégourou au moment où les Baribas vinrent l'attaquer. Il voulut rentrer et reçut une balle partie d'une face du carré. Je donnai des soins à cet homme du 4 novembre au 25 décembre 1897. Ne pouvant seul, et dans les conditions les plus défavorables, pratiquer la désarticulation de la hanche, je pratiquai chaque jour de grands lavages antiseptiques; je maintins le membre dans une gouttière en rotang que je fabriquai et je fis des pansements humides.

L'état de santé du blessé se maintint excellent pendant ce temps. A partir du 25 décembre, je fus constamment en marche et absent de Nikki, où je revins le 16 février 1898.

Le blessé était mort, ne recevant plus de soins.

Le chiffre des blessés à la colonne, du mois de mars 1897

au 31 décembre de la même année, d'après les précédents tableaux, s'élève à 143, qui ont donné 27 décès.

La 8e compagnie de tirailleurs sénégalais, pour sa part, a eu :

Officiers blessés	2
Sous-officier européen blessé	1
Sous-officier indigène blessé	1
Tirailleurs tués	7
Tirailleurs blessés	24

c'est-à-dire 35 hommes atteints sur 140. Plusieurs ont reçu des blessures multiples.

AFFECTIONS RELEVANT DE LA PATHOLOGIE EXTERNE.

Ver de Guinée. — Cette affection a frappé un grand nombre de porteurs, les hamacaires en petit nombre, les tirailleurs très rarement et aucun Européen. J'ai essayé dans cette désespérante affection le traitement de mon excellent camarade le Dr Emily[(1)], c'est-à-dire l'injection de sublimé dans la tumeur. Mais les cas où il m'a réussi ont été très rares. Je n'ai eu de succès que dans des conditions exceptionnelles, c'est-à-dire quand le ver était presque superficiel, mais quand l'animal était profond, perdu dans les muscles, il ne m'a pas donné de résultats, même en injectant le sublimé dans le corps du ver. Dans ce dernier cas, il faut injecter fort lentement, et j'ai observé souvent que l'animal se cassait.

J'ai observé plusieurs cas de pullulation successive de dragonneaux chez le même individu. Pendant près de trois mois, dans l'un de ces cas, le malade, un porteur, revint à la visite. Il avait onze de ces animaux : au cou, dans le dos, à la face antérieure de l'épaule, à la face latérale gauche du thorax, aux deux cuisses, aux deux jambes.

Traitement par l'enroulement et par des applications d'onguent mercuriel. Purgatifs salins répétés.

J'ai encore observé deux vers de Guinée chez des tirailleurs de la 8e compagnie qui m'ont laissé un moment dans le doute pour poser mon diagnostic. Le premier est celui d'un clairon

(1) Voir *Archives de médecine navale*, juin 1894.

qui avait une tumeur tendue et rénitente faisant saillie dans la région lombaire, sur la ligne des muscles sacro-lombaire et long dorsal. Cette tumeur remontait à quelques mois et ne lui faisait pas de mal. Elle le préoccupait seulement. J'appris en l'interrogeant qu'il avait fait un séjour autrefois à l'hôpital de Konakry pour des vers de Guinée. Je pensai que je me trouvais peut-être en présence de cette affection. Avec ma seringue de Pravaz, je ponctionnai la tumeur, je ramenai un pus crémeux. J'ouvris franchement au bistouri et je fis sortir des morceaux sphacelés du ver qui était là, mort depuis longtemps.

Je m'étais ainsi trouvé en présence d'un véritable abcès froid occasionné par un dragonneau.

La même apparence d'abcès froid me fut donnée par un autre ver de Guinée ayant engendré une tuméfaction douloureuse de la fesse gauche, commençant vers le grand trochanter. A cette tuméfaction, en faisaient suite deux autres qui allaient en sens inverse, se rapprochant ou occupant le pli de l'aine. Le malade guérit par incision et issue des débris du ver. Dans ces deux cas, il n'y avait pas la moindre trace d'un orifice externe quelconque de sortie.

J'ai encore à citer une observation curieuse de ver de Guinée. Il s'agit d'un interprète, mulâtre du Dahomey, attaché à la colonne du Borgou, qui se présenta à la visite dans les premiers jours d'octobre, le 5. Il se plaignait d'une céphalalgie violente, frontale. Elle occupa ensuite le sommet de la tête, qui était douloureux à une pression même superficielle. Pas de fièvre, pas de syphilis, pas de neurasthénie. Échec de la quinine, de l'antipyrine, du sulfate de soude.

Le 13 octobre, ce malade, qui ne prenait plus de médicaments depuis quatre jours, revint à la visite. Je dois dire qu'il présentait le 5, quand je le vis pour la première fois, une phlyctène entre le premier et le deuxième orteil droit. Je l'avais crevée, soupçonnant un ver de Guinée, mais je n'avais pas vu trace de l'animal. Le malade revint donc le 13 octobre, avec une éruption d'urticaire sur tout le corps et particulièrement au front, où il y avait des plaques très accentuées. En même temps, on déterminait une vive douleur à la pression à la face antérieure du tibia. Le pied avait enflé également, et on voyait entre les deux orteils pointer la tête du ver.

Sous l'influence de pansements humides, de compression, de frictions à l'onguent mercuriel, tout finit par se dissiper. Aucun ver ne suppura, mais le malade ne fut définitivement guéri qu'à la fin de novembre, au bout de près de deux mois.

Il vit apparaître un troisième ver vers le 28 octobre, à la face interne du condyle fémoral droit. L'animal se dessinait en flexuosités sous la peau. J'injectai autour de lui du sublimé et l'animal mourut sans aboutir à la suppuration.

L'apparition de cet urticaire précédant l'évolution de vers de Guinée mérite d'être signalée, de même qu'on voit apparaître cette affection dans les kystes hydatiques du foie.

Je ne peux entrer dans le détail des autres vers de Guinée, fléau d'une colonne en marche dans les pays africains.

L'enroulement, prudemment conduit, est la méthode la plus longue, mais aussi la plus sûre, surtout quand l'animal est caché dans les muscles profonds. Toutefois, dans tous les cas où le ver est superficiel, ou bien enkysté, la méthode d'Emily est excellente et rapide, ce qui n'est pas à dédaigner.

Ulcères. — Que dire de cet autre fléau qui, avec le ver de Guinée, immobilise la plupart des malades qui en sont porteurs. De toutes les affections du ressort de la clinique externe que j'ai eues à traiter, c'est celle qui m'a donné le plus de malades. Les ulcères ont sévi surtout au moment de la saison des pluies. J'en ai rarement observé pendant la saison sèche. La poussière de la route, la négligence des porteurs pour les soins de propreté, des blessures auxquelles ils ne font pas attention sont les causes de cette affection. Ce sont les coupures produites par les herbes qui sont pour le plus grand nombre le point de départ des ulcères siégeant tous aux pieds ou aux jambes. Ce sont les porteurs ordinaires (vêtus assez sommairement), les miliciens et les Djedjs (porteurs armés) qui ont été le plus atteints. Cette dernière catégorie de gens avait des pantalons courts qui laissaient toute la jambe à découvert. Dans la marche sur Ouassa, les Djedjs marchaient presque tout le temps dans la brousse. Sur un peloton de 60 Djedjs, j'ai donné mes soins à Kuandè à 13 d'entre eux porteurs de vastes ulcères, soit à 21 p. 100. La proportion était à peu près la même chez les porteurs ordinaires.

J'ai vu très peu d'ulcères chez les tirailleurs, défendus par des pantalons longs ou par des guêtres. L'utilité des jambières pour les milices du Dahomey et pour les troupes semble ressortir de ces chiffres.

Le meilleur traitement de ces ulcères a encore été le traitement classique à l'iodoforme et aux bandelettes imbriquées de diachylon, une fois la plaie détergée. Le salol et le camphre m'ont été souvent utiles quand la plaie tardait à se combler.

Je ne regardais les pansements que tous les cinq jours, en moyenne, à moins de suppuration.

J'ai souvent observé à l'avant-bras et au bras des *plaies atoniques* fort longues à guérir. Des *ampoules du pied*, des *durillons forcés*, des *fissures profondes* à bords calleux qu'il faut détruire pour arriver à les guérir, des *cicatrices vicieuses* qui se rouvrent à chaque instant, des *plaies contuses* de toutes sortes, des *hydarthroses du genou*, des *hygromas suppurés du genou*, de *simples contusions*, quelques *synovites* des extenseurs des pieds, un assez grand nombre d'*hydarthroses tibiotarsiennes* produites par des marches prolongées, de *petits abcès multiples* de la face dorsale des pieds, des *adénites*, compagnes obligées de plaies négligées, des *panaris*, des *kystes sébacés* enflammés, surtout au scrotum, quelques *varicocèles douloureux*, des *phlegmons* à sièges divers, de très rares *chiques* observées au départ de la côte et jusqu'à Carnotville, des *ganglions* du poignet sont des affections que j'ai observées en nombre variable dans la colonne et qui ne présentent rien de particulier.

Blessure produite par une hyène. — On admet d'une façon générale que la hyène ne s'attaque pas à l'homme. C'est une erreur. Les blessures que peut causer cet animal sont rares, mais elles existent. On en trouve deux exemples dans le numéro de juillet 1895 des *Archives de médecine navale*, exemples rapportés par le Dr Suard, médecin de 1re classe de la marine, qui les a observés au poste de Nioro (Soudan). Pendant que j'étais embarqué, en 1895, sur la canonnière l'*Étoile*, à Djibouti, j'ai vu une vieille femme qui avait eu la joue gauche déchirée pendant son sommeil, et deux tout jeunes enfants ont été dévorés par une hyène.

Quand cet animal est poussé par la faim, il devient très hardi. Le capitaine Duhalde, descendant à Nikki, venant de Yagbassou avec la 8e compagnie de tirailleurs sénégalais, en a tué une dans l'intérieur du carré, d'un coup de revolver.

C'est à Matiacouali, dans le Gourma, que j'ai observé le cas que je rapporte. Les hyènes venaient se promener toute la nuit dans le village et autour du camp.

Les porteurs couchaient dans des cases du village. Le sentier passait devant la porte de l'une d'elles, où l'un d'eux reposait les pieds en dehors. Une hyène lui a saisi le talon gauche par ses griffes qui ont déterminé de chaque côté du tendon d'Achille, à la partie supérieure du calcanéum, deux plaies de 1 à 2 centimètres de longueur; la plaie interne est la plus profonde, l'animal cherchait à l'entraîner; l'homme s'est réveillé, a poussé de grands cris et a mis l'animal en fuite. Je maintins les plaies béantes et sous l'influence de pansements humides jusqu'à guérison complète.

Blessures par morsures de caïmans. — Le 26 mai, j'eus à donner mes soins à Kodjar (Gourma) à un homme du village qui, étant allé à l'eau et plongeant une calebasse dans la rivière, fut happé par un caïman qui ne put l'entraîner. Le pied droit, à sa face externe, avait deux trous peu profonds. A sa face postérieure, il y avait une plaie de 3 centimètres sur le tendon d'Achille. A la main droite, on constatait un trou dans l'espace interdigital qui sépare le pouce de l'index. Il en était de même à la main gauche, où on constatait, en outre, deux écorchures siégeant à l'annulaire et à l'auriculaire gauche. La guérison survint assez rapidement, grâce aux pansements antiseptiques.

J'ai observé quelques piqûres de scorpion qui n'entraînèrent pas d'accidents. Quant aux trigonocéphales, je n'en ai vu que deux, et un seul produisit une blessure. C'était un tout petit animal qui piqua au talon la femme d'un tirailleur. Les accidents ne furent pas appréciables. Traitement par la compression élastique, l'incision et le café à hautes doses.

OBSERVATIONS MÉDICALES.

Paludisme chez les Européens. — Comme c'est l'affection maîtresse du Haut-Dahomey, c'est celle qui va m'arrêter la première. *Tous* les cas que j'ai observés ont été *exactement* notés avec leurs dates d'apparition. Je vais d'abord soumettre les observations. La conclusion en découlera d'elle-même.

Observation I. — M. D..., sous-lieutenant d'infanterie de marine. Cet officier arrive du Sénégal, où il a passé quelques mois et où il a eu quelques accès de fièvre. Il quitte la côte le 27 mars.

Le premier accès que j'observe chez lui le prend le 28 mai, pendant que nous allions en reconnaissance sur Kandy.

Le 5 juin, soit *huit* jours après, il est repris d'un accès de fièvre qui continue le 6 et le 7. Très peu de frisson, fièvre plutôt rémittente avec exacerbation le soir.

Cette nouvelle attaque de paludisme a une durée de *trois* jours.

Convaincu de l'utilité de la quinine préventive et ayant souvent vu dans le Bas-Dahomey des accès survenir tous les huit jours, j'oblige cet officier à prendre de la quinine à la dose de 0 gr. 25 par jour, tant que nous sommes en marche.

J'augmente la dose de cet alcaloïde le 14 et le 15. Le 16 se passe sans malaise et sans accès. Je continue la même méthode le 22 et le 23 juin et tous les huit jours, et je ne constate plus d'accès de fièvre jusqu'au 21 juillet.

Entre temps, nous étions revenus à Kodjar, où je l'avais traité par le quinquina et la liqueur de Fowler.

Très affaibli par ses premiers accès, il avait repris de l'embonpoint, de la mine et de l'appétit.

Le 21 juillet, en quittant Botou, il est repris d'un accès de fièvre peu violent, qui dura jusqu'au milieu de la nuit. Je repris le traitement par la quinine.

Le 1er août, cet officier dut se séparer de la compagnie pour aller établir des postes à Botou et à Kankantchari.

Il est obligé de marcher par des journées pluvieuses et de faire de longues étapes. Il prend mal ou ne prend pas de quinine.

Le 8 août, il a eu un violent accès de fièvre, le 9 et le 10 également.

Le 22 août, il se réveille avec mal de tête assez fort, mais il n'a pas de fièvre. Il prend 1 gramme de quinine au dîner du soir. Le 23 il a les yeux très cernés et craint un accès de fièvre.

Le 24 se passe sans accès.

Le 9 septembre, M. D... se lève bien portant. Vers 8 heures du matin, il est pris de céphalalgie. Vers 9 heures il a un frisson léger, Il rend ce qu'il a pris au petit déjeuner du matin et a de la diarrhée. Il se sentait mal à l'aise déjà le 8 septembre, mais n'avait pas fait attention à cela. Il prend de la quinine à 3 heures et demie du matin. Il se réveille bien portant le 10 et n'a plus qu'un peu de diarrhée.

Le 11, il a pris de la quinine à 4 heures du matin. Il n'a pas faim, a toujours un peu de diarrhée et vomit vers 11 heures. Cet état nauséeux persiste jusque vers 5 heures du soir. Il dîne avec nous.

Le 13 septembre, il est en bonne santé.

Donc, accès se traduisant par un simple malaise d'une durée de *trois jours*.

Tableau des accès du sous-lieutenant D... — Premier accès, 28 mai.

Deuxième accès, 5, 6, 7 juin, de trois jours de durée, à huit jours du précédent.

Troisième accès, 21 juillet.

Quatrième accès, 22 et 23 août, de deux jours de durée. On remarquera que cet accès a apparu un mois après le précédent et presque à la même date.

Cinquième accès, 9, 10, 11 septembre, environ quinze jours après le précédent.

J'ai donc observé, suivant que cet officier a pris ou non de la quinine d'une façon rationnelle, des accès à huit, quinze jours, un mois ou deux de distance.

Observation II. — M. G..., capitaine d'infanterie de marine.

Premier accès le 5 mai. Il dure le 6. Malaise et fièvre rémittente.

Cet officier ne prend pas de quinine. Nous arrivons à Kodjar le 17 mai.

Je pars le 26 mai pour Kandy et je ne reviens à Kodjar que le 16 juin. Le capitaine me dit qu'il n'a pas cessé d'avoir la fièvre pendant mon absence. Le 16 et le 17 juin, il a encore une diarrhée verte qui le fatigue. Je le purge au calomel et à la rhubarbe.

Je le mets ensuite au quinquina et à la liqueur de Fowler.

Il a pris de la quinine presque continuellement par la suite et n'a plus eu un seul accès de fièvre jusqu'au moment de son départ pour la côte vers le milieu de janvier 1898.

Observation III. — O..., sergent d'infanterie de marine.

J'ai constaté chez lui trois accès de fièvre seulement, le 15 mai, le 24 mai, le 14 juillet.

Accès de huitaine d'abord, accès bi-mensuel ensuite.

Le mois de juin s'est passé sans accès. On remarquera la coïncidence de ces dates, 15 mai, 14 juillet, à deux mois de distance.

Garçon fort prudent, en dehors du service, il ne s'exposait jamais inutilement au soleil et sans avoir une ombrelle. Tous les mois, aux environs de cette date du 15, il prenait régulièrement de la quinine.

Il n'est pas douteux que tous ces soins ont été d'un grand poids pour le maintien de sa bonne santé.

Observation IV. — P. . ., sergent-major d'infanterie de marine.

39 mois de Sénégal, Soudan, Guinée française, colonne du Fouta-Djallon, Haut-Dahomey.

N'a présenté qu'un seul accès de fièvre d'une durée de trois jours, les 5, 6, 7 septembre.

Le 5, la fièvre a débuté par un fort frisson à 8 heures du matin. A 6 h. 30 du soir je lui donne 1 gramme d'antipyrine, car il souffre beaucoup de la tête. Il avait perdu l'appétit depuis quelques jours.

A 3 heures du matin, 1 gramme de sulfate de quinine.

Dans la journée, la transpiration s'établit, il dort. Il reprend de la quinine dans les mêmes conditions le 7 au matin.

Ce sous-officier ne présente plus de fièvre.

Je l'évacuai en janvier avec le diagnostic de *cachexie palustre.*

Observation V. — B. . ., sergent d'infanterie de marine, est resté plusieurs années au Tonkin. Depuis il est envoyé au Sénégal et dans le Haut-Dahomey. Il me dit qu'il a des accès réguliers tous les mois aux environs du 18 depuis son retour du Tonkin.

Pour ma part, je constate effectivement deux accès, un le 18 avril et un le 18 octobre.

Je n'ai pas vu les autres, car ce sous-officier était détaché à Kuandè. Il n'a jamais eu d'autres accès.

Observation VI. — M. . ., sergent fourrier d'infanterie de marine à la 8e compagnie, a un séjour de trois ans en Calédonie et de onze mois à Konakry, où il a eu trois fois de violents accès de fièvre. Garçon d'apparence robuste, mais il est pâle. Je constate un premier accès de fièvre fort léger le 18 mai, à l'arrivée à Kodjar. Cet accès débute à 10 heures du matin et finit à 5 heures du soir. Le 19 mai, accès plus tardif et plus long. Le 20 mai, troisième accès qui se termine à 4 heures du soir. Traitement par la quinine, le quinquina et la liqueur de Fowler.

Jusqu'au 13 août il se porta bien. A ce moment il eut un léger accès fugace. Je lui recommandais de prendre de la quinine souvent; je lui donnais les conseils nécessaires, mais il le faisait fort irrégulièrement.

1er septembre, nouvel accès : céphalalgie et légère fièvre.

8 septembre, il est envoyé à Fada N'Gourma et revint à Matiacouali le 14 septembre. Il me raconta que, le 9, le 10, le 11 septembre, il eut trois accès très violents avec vomissements de bile verte. Il était fort pâle, avait des conjonctives ictériques et des selles vertes. Sulfate de soude, qui amène sept selles fort abondantes.

Le 16, la teinte ictérique des conjonctives a disparu. Salol à la dose de 2 grammes par jour pendant une semaine environ et quinquina.

Le 19 octobre, à Kuandè, il est atteint de fièvre vers 9 heures du matin : courbature, vomissements alimentaires, chaleur mordicante, pas de frisson. Deux petits points de côté à la limite des fausses côtes et correspondant bien aux bords inférieurs de la rate et du foie. Il me dit que, depuis cet accès de septembre, il ne se sent plus le même. Il est de plus en plus fatigué. La mine est très pâle, sa rate déborde de trois doigts les fausses côtes. Je l'évacue le 21 octobre sur la côte en lui recommandant de ne pas négliger la quinine en route. Je lui donne du quinquina.

Diagnostic du billet d'évacuation : *anémie palustre.*

Il arrive le 27 à Carnotville bien portant. A 6 heures du soir, il s'excuse auprès du résident de ne pas paraître à table; il n'a pas d'appétit. A 11 heures du soir il se sent pris de céphalalgie, d'un violent frisson, puis apparaît le stade de chaleur. En même temps surviennent des vomissements vert-foncé, bilieux, tirant sur le noir.

Le 28, au matin, il pisse des urines bitter, mais en grande quantité. M. l'inspecteur des télégraphes Villarem demande par voie télégraphique au Dr Gouzien, à Porto-Novo, quel traitement employer. Il administre au malade 30 grammes de sulfate de soude. La purgation détermine de nombreuses selles vertes. Vers 8 heures du soir, nouveau frisson.

Sur ces entrefaites, la colonne Ganier se rendant à Parakou passe à Carnotville et s'y arrête deux jours. Je vois le malade à 5 heures du soir. Les vomissements se sont arrêtés à 1 h. 30 de l'après-midi. Il est pâle, avec une très légère teinte jaune. Sa rate est douloureuse, très congestionnée. Elle descend à trois bons travers de doigt au-dessous des fausses côtes. La fosse iliaque gauche est très douloureuse. Il a bien pissé l'après-midi et moins bitter que le matin. Le foie est peu douloureux, un peu congestionné. La région lombaire est très douloureuse.

Je fais de larges badigeonnages iodés sur ces régions.

Vers 6 heures du soir, émission d'urines couleur rouge bordeaux et légères selles vertes bilieuses.

Je lui fais une injection de 0 gr. 25 de bromhydrate de quinine, convaincu, par ses antécédents, de l'origine palustre de la maladie.

Le 30 octobre, je trouve le malade bien. La nuit a été assez bonne; la tête est dégagée, les yeux sont légèrement ictériques. Le malade a eu une selle abondante la nuit. Il a des nausées perpétuelles et rend de la bile jaunâtre.

A 8 heures du matin, je lui fais une injection de 0 gr. 25 de bromhydrate de quinine. Lait, thé, tisane de maïs sucrée.

Eau chloroformée. Nouveaux badigeonnages iodés.

Vers 10 h. 30 du matin, il pisse très clair et a une selle bilieuse verte de la même couleur que la bile qu'on trouve à l'autopsie des gens enlevés par cette maladie. Cette bile est poisseuse. Dans la journée, le malade pisse souvent et très peu à la fois. Dans la soirée, les urines sont encore peu abondantes.

31 octobre. Obligé de suivre la colonne partant pour Nikki, je laisse le fourrier aux soins de M. Villarem, à qui je savais pouvoir le confier sans crainte, M. Villarem jouissant au Dahomey d'une réputation de dévouement qui m'engageait à lui demander de faire pour ce sous-officier tout ce qu'il pourrait.

Me devant à toute la colonne qui allait entrer en pays ennemi, je ne pouvais en arrêter les mouvements pour un seul homme.

Je priais donc M. Villarem de ne pas faire d'injections de quinine, car le malade n'avait pas pissé de la nuit, de lui donner 1 gramme de calomel avec 2 grammes de rhubarbe, dont je lui laissais des paquets, et de lui faire des injections de caféine à 0 gr. 30 par seringue. Je lui conseillais d'aller jusqu'à trois ou quatre injections par jour. M. Villarem avait été éprouvé par trois bilieuses hématuriques, et le traitement de cette affection n'avait pas été lettre morte pour lui.

Le 11 novembre, à Nikki, je reçus la lettre suivante. Les injections de quinine avaient été cessées et remplacées par celles de caféine. L'effet fut remarquable. Les urines redevinrent abondantes.

Le 2 novembre, le malade ayant de la congestion du visage et des yeux et ne supportant aucun aliment, M. Villarem lui administra un lavement avec 20 grammes de sulfate de soude, et le purgatif au calomel et à la rhubarbe qui produisit des effets extraordinaires; tant par la bouche que par l'intestin, le malade rendit des flots de bile verte.

Le 4 au matin, il était très bien, n'avait plus de vomissements, la mine était revenue et les urines étaient bonnes.

Lait, bouillon de poule, tafia sucré. Lavements d'eau fraîche que j'avais conseillés. Briques chaudes sur l'épigastre et sur les reins. Friction générale à l'alcool camphré.

Le 5, le malade va bien.

Le 6, la scène change. M. Villarem trouve le malade avec le visage enflé, les paupières bouffies, des vomissements visqueux. A 9 heures dn matin, il fut trouvé se faisant donner de lui-même des ablutions d'eau qui avait passé la nuit sous la véranda, et qui était glacée par l'harmattan.

M. Villarem a appris que, la veille, il avait fait cela également.

Le 7, le malade fut pris de vomissements sanguinolents et d'un délire très gai. A 1 heure de l'après-midi, ces vomissements augmentèrent.

A 1 h. 30 il écumait par la bouche et par le nez. Le sang affluait. Il mourait à 2 h. 25.

Il n'est pas douteux pour moi que ce malade n'eût, par cette dernière imprudence, agi fâcheusement sur des reins qui, commençant à peine à redevenir perméables, ne demandaient qu'un prétexte pour ne pas fonctionner. Ces affusions d'eau glacée ont produit ou une congestion, ou un spasme des reins, et le malade est mort d'*urémie avec œdème pulmonaire.*

Donc, pour me résumer :

Premier accès palustre, de trois jours de durée, les 18, 19, 20 mai.

Deuxième accès palustre, le 13 août.

Troisième accès palustre, dix-sept jours après, le 1er septembre.

Quatrième accès de trois jours, une semaine après, le 9, 10, 11 septembre.

Cinquième accès, un mois environ après, le 19 octobre.

Sixième accès avec bilieuse hématurique, le 27 octobre.

Pour moi, l'origine palustre de cette bilieuse hématurique ne fait aucun doute.

Le traitement que j'ai employé, en présence des fièvres hématuriques que j'ai eu à traiter a été, en général, le suivant :

1° Calomel à la dose de 1 gramme, associé toujours à la rhubarbe. J'ai vu, en effet, à la côte, trois cas de stomatite mercurielle résultant de l'administration de ce médicament qui n'avait pas été éliminé. J'ai beaucoup employé le calomel soit pour moi, soit pour les autres; il m'a toujours donné de bons résultats, et associé à la rhubarbe, je n'ai vu aucun accident. Personnellement, je préfère le calomel au sulfate de soude dans la bilieuse hématurique, parce qu'il prive l'organisme d'une moindre quantité d'eau que les purgatifs salins. Or, dans cette affection, il est nécessaire de laisser aux reins le premier rôle dans l'élimination des poisons. De tous les émonctoires, c'est le plus précieux. L'intestin ne vient qu'en seconde ligne, la sueur en dernier.

2° Les injections de quinine, *quand la fièvre est forte.*

Ici, elle était tombée, et je dois dire que ce que j'ai vu dans ce cas, sans modifier nullement mes sympathies pour la quinine, m'a fait me demander s'il n'y avait pas un rapport entre mes injections et l'anurie que j'ai vue et qui a cédé quand on a employé les injections de caféine.

Donc, si je n'ai pas vu la quinine produire de l'hématurie, je crois qu'elle a pu agir sur les reins et amener cette anurie. L'eau chloroformée, les tisanes diurétiques, le lait, l'eau de Vichy et le champagne trouvent, à tour de rôle, leur indication. Les révulsifs, teinture d'iode, sinapismes, briques chaudes, ne sont pas à dédaigner, tant sur les organes congestionnés que sur l'estomac contre les vomissements.

J'ai eu aussi de très bons résultats avec les lavements d'eau aussi fraîche que possible et qui ont la propriété de favoriser l'excrétion biliaire.

Observation VII. — M. M..., sous-lieutenant.

Accès de fièvre à Nikki le 8 et le 25 novembre, donc accès de quinzaine. Envoyé ensuite à Boussah, je le perds de vue.

Observation VIII. — M. V..., inspecteur de 2e classe de la milice. 22 mois de Dahomey.

Très anémié. Accès de fièvre unique à Nikki le 25 novembre. Vieux paludéen, il a été pris dans la journée du 24 de prodromes qui lui annoncent son accès. A minuit, frissons très violents; à 7 heures du matin, où je le vois, il a de la fièvre. Il a pris de lui-même au réveil 1 gramme de sulfate de quinine.

A 9 h. 30 il est repris de frissons très violents, il lui semble que ses pieds sont glacés, quoiqu'ils soient très chauds. Douleurs lombaires. Urines claires, nausées, ne rend rien. Température, 38°5 au moment du frisson.

Bouteilles d'eau chaude aux reins, aux pieds, couvertures.

A midi, je le trouve en pleine transpiration. La céphalalgie, qui était violente, s'amende un peu. Température à 4 heures du soir, 38°2.

A 5 heures du soir, il prend 0 gr. 50 de quinine, du bouillon, de l'eau vineuse.

Le 26, il a bien dormi la nuit, a pris 0 gr. 50 de quinine au réveil. Il se lève à 10 heures. Le soir, apyrexie. Je ne constate plus d'autre accès.

Observation IX. — Capitaine D...

Accès de fièvre de trois jours, les 17, 18, 19 novembre. Nouvel accès huit jours après le 25 novembre.

Observation X. — M. R..., adjoint des affaires indigènes, venu en convoi à Kuandè. Vieux paludéen.

Un accès de fièvre typique débutant à 4 heures du soir, le 18 octobre. Un autre accès dans les mêmes conditions le 19.

Observation XI. — B..., sergent d'infanterie de marine, provenant du Sénégal, première colonie.

Un accès le 4 mai avec fièvre légère, nausées, vomissements de bile. Cet accès débute à 9 heures du matin et finit à 5 heures du soir. Ce sous-officier resta à Konkobiri, poste très sain, et n'eut plus d'autre accès. Il prenait de la quinine de temps en temps.

Observation XII. — Capitaine Ch..., de l'infanterie de marine.

Accès de huitaine. Fièvre le 8 et le 9 décembre. Nouvel accès avec vomissements bilieux le 14 et le 15 décembre.

Je le purge au calomel et à la rhubarbe, qui amènent des vomissements et des selles bilieuses abondantes. Lait, salol, quinine pendant plusieurs jours.

Depuis cet officier est allé à Ilo, et je ne l'ai pas revu.

Observation XIII. — Th. de la B..., sergent d'infanterie de marine. Provient du Sénégal, où il a 5 mois de séjour.

Ce sous-officier, amaigri et fatigué, est laissé à Kuandè, premier poste créé. Là il eut des accès le 12, le 13, le 14 juin, puis le 27, le 28 et le 29 juin où il arriva à Kodjar, conduisant un convoi. Il a des vomissements et une diarrhée verdâtre profuse. Sous l'influence de la fièvre, la digestion avait été incomplète.

Le malade souffrait beaucoup. Je dus rester une partie de la nuit auprès de lui. Il fut calmé par une injection de 0 gr. 01 de morphine.

Dans la journée du 30, il eut des selles moins abondantes. La nuit fut passable.

Le 1er juillet, il prit de la quinine, 1 gramme à 5 heures du matin, et il prit du salol. Cette diarrhée biliaire prit fin.

La limite supérieure de la rate remontait à la neuvième côte, la limite inférieure se trouvait à deux travers de doigt au-dessous des fausses côtes. Un peu de douleur à la pression.

L'hypertrophie manifeste de l'organe indique l'origine palustre de l'affection.

La limite supérieure du foie est à la sixième côte, la limite inférieure à deux travers de doigt au-dessous des fausses côtes. Douleur accentuée à la pression.

Le 2 juillet, le malade va mieux. Il a un peu de douleur du côté de la rate. Il a vomi son dîner d'hier soir presque aussitôt. Il en est de même aujourd'hui. Ces vomissements ont eu lieu vers 4 heures du matin. Dans l'après-midi du 3 juillet il se sentait très courbaturé, et vers le soir il se sentait très gêné au point de vue respiratoire.

Je l'ausculte et je constate aux sommets une inspiration rude, une expiration prolongée, de la douleur à la percussion dans les deux premiers espaces intercostaux droits, peu de matité.

La rate est, le 4 juillet, plus congestionnée qu'il y a trois jours. Du côté du foie, c'est la région de la vésicule qui est la plus douloureuse.

La température du matin à 7 heures est de 39 degrés. Antipyrine, 1 gramme.

Vers 9 heures du matin, il se sent un peu moins las. Il a sommeillé.

A midi, 0 gr. 50 de quinine. A 4 heures du soir, la température n'est que de 38° 5. Il vomit vers 8 heures du soir et n'a plus que 37° 5 à la même heure.

Le 5 juillet, température du matin, 37° 5. Le malade a eu une bonne selle. Il a pris 0 gr. 50 de quinine à 4 heures du matin. La nuit a été bonne. Je le réausculte et je constate que le malade est atteint de symptômes rappelant beaucoup ceux de la tuberculose pulmonaire au début. Pas de fièvre le soir. Vomissements dans la nuit.

Le 6 juillet, je l'évacue sur la côte avec le diagnostic d'*anémie palustre et de tuberculose pulmonaire*, à laquelle j'attribue les troubles nutritifs et la diarrhée chronique du malade.

Il m'a écrit ensuite et m'a dit avoir eu plusieurs accès de fièvre dans son voyage de descente.

Observation XIV. — *Accès hémoglobinurique.* — M. M..., garde principal de la milice. Mulâtre et vieux paludéen. Très fatigué depuis quelque temps par des déplacements fréquents. Il avait depuis *huit* jours une sensation de *pesanteur dans le côté gauche* et une *douleur* dans l'épaule du même côté.

Le 27 octobre il a été pris de frisson et de chaleur à 6 heures du soir. Il se coucha et eut aussitôt envie d'uriner. Urines bitter abondantes. Il prend 30 grammes de sulfate de soude le 27 et le 28 octobre, où il est repris de fièvre avec délire à 8 heures du soir. Le 29, la journée est bonne. Je le vois à mon passage ce jour-là à Carnotville. La rate est congestionnée et déborde les fausses côtes. Le 30, il va bien; la mine n'est pas riche. 1 gramme de quinine à 7 heures du matin, et je lui conseille de ne plus la négliger.

Envoyé depuis dans le Gourma, il ne m'a pas donné de ses nouvelles.

Observation XV. — Ce n'est pas une observation, car le malade est mort sans soins médicaux à Djougou d'une fièvre bilieuse hématurique. Il s'agit d'un garde principal de la milice qui mourut, enlevé en quatre jours, par cette affection.

Observation XVI. — *Congestion du foie d'origine palustre.*

M. M..., lieutenant d'infanterie de marine, chef du poste de Kayoma, a été pris brusquement le 25 janvier de douleurs au foie. Cet officier a été très impaludé au Laos et il a plusieurs entrées à l'hôpital en France pour coliques hépatiques ou pour congestion du foie.

Il s'est beaucoup fatigué à Nikki, ensuite à Kayoma, où il a construit son poste, et où, seul Européen, il restait quelquefois au soleil jusqu'à 1 heure de l'après-midi pour surveiller le travail. Il fut d'abord pris d'une sorte de colite dysentériforme qui céda aux purgatifs et au régime lacté.

Du 25 janvier au 2 février, cet officier se soigna seul. Révulsifs sur le foie et calomel.

J'arrive le 2 février 1898. Je le trouve avec un peu de fièvre, la voix faible, les yeux cernés. Le foie est douloureux, très douloureux; cependant il ne remonte pas, ni ne déborde pas les fausses côtes. Aujourd'hui il trouve qu'il va mieux que les jours précédents, où il a eu de la fièvre très forte avec délire.

3 février. Le malade n'a pas de fièvre, a dormi un peu sur le matin et sent moins son foie. A 4 heures du soir il a 39 degrés et le foie est plus douloureux. La fièvre tombe un peu à 8 heures du soir.

4 février. Bonne nuit. A 4 heures du soir, 37° 8. C'est une amélioration.

5 février. Le malade se sent beaucoup mieux. Il se remue mieux. A 4 heures du soir, température, 37° 5. Le traitement, tous ces jours-ci, a consisté dans la révulsion sur le foie, l'administration d'un calomel, l'emploi de la quinine et du salol, le régime lacté.

6 février. Le malade se sent très bien toute la journée.

7 février. Il s'est senti mal à l'aise *entre minuit et 3 heures du matin.* Il a pris sa température à ce moment. Il avait 38° 5. Cependant il ne souffre pas davantage, mais, vers 11 h. 30 du matin, il est repris d'un point de côté droit qui l'immobilise et l'empêche de parler. A 4 heures du soir, le malade a 38° 2. Je lui donne de l'antipyrine et un peu de quinine. A 8 heures du soir, injection de 0 gr. 01 de morphine qui le soulage rapidement.

8 février. Le malade a reposé jusque vers le milieu de la nuit. Il a eu de la fièvre vers 3 heures du matin. Cependant il n'a que 37° 6 à 8 heures. A 4 heures du soir, 38° 6. Foie toujours très douloureux. Piqûre de morphine à 8 heures du soir.

9 février. Le malade est fatigué. Température du matin, 37° 2. Douleur toujours fort vive du foie, de l'épaule droite. Potion sulfatée à 25 grammes que je lui fais prendre toutes les heures dans la journée. Les effets sont excellents. Le malade va abondamment à la selle. Diarrhée verdâtre.

A 4 heures du soir, température, 38° 6. Cette fièvre, qui ne cède pas et ces douleurs à l'épaule deviennent inquiétantes. Je me demande si le malade va avoir un abcès au foie.

10 février. La potion et la quinine menées de front semblent agir. La température, à 8 heures du matin, est de 36° 7 et le malade souffre moins. A 4 heures du soir, il éprouve du côté du foie un mieux sensible. Toutefois l'épaule est toujours douloureuse en arrière vers le mi-

lieu de l'omoplate. Il a pris une deuxième potion sulfatée à 20 grammes dans le courant de la journée. Température à 4 heures, 38°5.

11 février. Nuit bonne. Température du matin, 36 degrés; du soir, 37°8. A pris 15 grammes de sulfate en potion dans la journée. Vers 6 heures du soir, il souffre encore de son foie. A 7 heures du soir, il a eu une sensation de nausées. Piqûre de morphine.

12 février. Le malade ne prend plus aujourd'hui que de la quinine. La douleur est la même au foie. Température du matin, 36°8. Température du soir, 37°5. Le malade se trouve bien.

13 février. Quinine au réveil, 0 gr. 60. Température du matin, 36°3. Température du soir, 37 degrés. Le malade va mieux.

14 février. Bonne nuit. Le malade ne sent plus son foie que dans les fortes inspirations. Température du matin, 36° 3; du soir, 36° 3.

La chute vespérale de cette température m'indique que l'affection a disparu. Le malade, très faible, commence à s'alimenter. Quinine tous les matins. Je l'évacue sur la côte, et il descend avec moi jusqu'à Porto-Novo. Départ pour France le 24 février. Il n'a plus présenté de fièvre et, concurremment à la quinine, je le mets au quinquina et à la liqueur de Fowler. Cette affection a donc duré près de trois semaines, du 25 janvier au 15 février.

Voilà donc seize cas de fièvre palustre observés dans le Haut-Dahomey. J'ai suivi la plupart des malades pendant plusieurs mois, et aucun de leurs accès ne m'a échappé. Voici les *conclusions* qui se dégagent pour moi de ces observations.

1° Le paludisme à accès intermittents, à type tierce, quarte, etc., comme on l'observe en France, se voit fort rarement. Ici il n'y en a pas un exemple.

2° Ce sont surtout des accès de trois jours que j'ai observés ou des accès rémittents, comme le prouve le dernier cas.

3° Je n'ai vu que chez les *vieux* paludéens les accès avec les trois symptômes classiques : frisson, chaleur, sueurs.

4° En général, les accès étaient révélés par de la céphalalgie, de la fièvre plus ou moins prononcée, des nausées, des vomissements. Le frisson manque souvent, les sueurs aussi. La fièvre débute le plus souvent vers 10 heures du matin, quelquefois dans la soirée.

5° Tous ces accès sont réguliers, accès de huitaine, de quinzaine ou de mois; ces derniers sont les moins dangereux.

6° Je crois qu'on peut prévoir et combattre à temps tous ces accès qui répondent surtout à un type de *huit* jours, en prenant la quinine à dose élevée un peu auparavant. On remarquera en lisant les dernières observations que les dates des accès concordent chez le même individu à un mois de date, ou même chez plusieurs individus.

Ainsi le fourrier M... (observ. VII), le sergent B... (observ. V), M. R... (observ. X) ont tous les trois un accès le 18 octobre. De même le sous-lieutenant M... (observ. VII), l'inspecteur V... (observ. VIII), le capitaine D... (observ. IX) ont un accès le 25 novembre.

La régularité de ce cycle d'apparition de la fièvre est donc frappante. Je ne crois pas qu'il y ait d'accès isolé. Si, par exemple, un individu qui voit le médecin une fois en passant, à la date du 8, je suppose, où il a un accès de fièvre, prend le soin de noter tous les accès qu'il a eus, le médecin pourra, même plusieurs mois après, rétablir le cycle de ses accès qui répondront toujours à une date de huitaine (8 ou multiples de 8), mais qui auront apparu ou vers le 15, ou vers le 24, ou vers le 1er, suivant la façon dont le malade aura ou non pris sa quinine, ou suivant les fatigues ou le repos qu'il aura eus.

De la quinine préventive. — La quinine préventive m'a personnellement donné les meilleurs résultats. Je la prenais à la dose de 0 gr. 50 tous les cinq jours, quand j'étais à Porto-Novo; à la dose de 0 gr. 25 tous les jours, quand j'étais en marche. Je ne l'interrompais guère dans les postes du Nord. En la prenant à la dose de 0 gr. 50 tous les cinq jours, j'ai mis deux mois et demi à avoir la fièvre palustre, qui s'est traduite par sept jours de fièvre continue. Depuis je n'ai plus rien eu.

Je suis monté en mission le 27 mars 1897 et je ne suis descendu que le 11 mars 1898, où je suis arrivé à Porto-Novo. Comme je l'ai dit, j'ai suivi tout le temps la 8e compagnie, et, comme elle, j'ai à peine trois mois et demi de séjour dans les postes. Dans cette presque entière année de marche, j'ai interrompu la quinine très, très rarement. Je puis dire que j'ai été saturé de ce médicament. Je n'ai pas eu un seul accès de fièvre dans le Haut-Dahomey, malgré le service pénible qui a été demandé à la 8e compagnie et à la colonne du Borgou. J'ai eu à plusieurs reprises des débâcles biliaires, de la colite dysentériforme qui m'ont fatigué. Mais en tant que fièvre, le paludisme ne m'a pas éprouvé, pas plus que je n'ai observé de développement de la rate. En quittant la colonie, je suis d'avis de continuer l'usage de la quinine, tant à bord que dans le mois qui suit la rentrée en France, mais non à dose quotidienne, seulement dans les trois jours qui précèdent les dates de huitaine où on doit avoir ses accès.

Partisan de la quinine préventive, j'ai voulu pousser l'expérience à fond. D'un autre côté, je n'ai jamais éprouvé de troubles gastriques ni de surdité, car j'ai toujours pris la quinine en mangeant. C'est de prendre la quinine à jeun que beaucoup de gens se fatiguent l'estomac; en outre elle produit des bourdonnements que j'ai observés rarement en la prenant le matin avec du pain et du café, à moins que, volontairement ou non, je n'aie dépassé mes o gr. 25 quotidiens.

J'ai pris toujours la quinine ou je l'ai donnée en solution dans du café noir sucré. C'est la meilleure méthode. L'emploi du papier à cigarettes est mauvais ou inconstant. Le paludisme ne s'est jamais présenté à moi sous forme d'accès pernicieux comateux ou algide. Sa manifestation la plus grave a été l'accès bilieux hémoglobinurique ou la fièvre hématurique.

PALUDISME CHEZ LES NOIRS.

On ne peut nier l'existence de cette affection chez les indigènes pas plus qu'on ne peut la mettre en doute en Europe chez les Européens. Mais, comme ils sont bien plus résistants que nous à cette affection, je me suis toujours entouré de précautions pour porter ce diagnostic chez un noir. Cependant leurs témoignages ne sont pas douteux. Le chef de Botou et celui de Kayoma me disaient que, pendant la saison des pluies, beaucoup de leurs gens avaient la fièvre. J'en ai vu quelques cas à la colonne, et je les ai surtout observés chez des tirailleurs de race peuhl.

Ceux qui connaissent les Peuhls savent qu'ils ne sont pas des noirs. Ce sont comme nous des étrangers qui sont venus de l'Orient, croit-on, et qui s'étendent comme une tache d'huile des bouches du Sénégal au lac Tchad. Cette race est bien plus mièvre que les autochtones africains. Ce sont eux qui m'ont donné le plus d'exemples d'accès palustres ou de cachexie, surtout les enfants. Les tirailleurs que j'ai observés ont eu des accès franchement intermittents avec gros frisson débutant la nuit ou le matin, chaleur et sueurs, le type classique du vieil impaludé et de ceux qui ont des accès dans leur pays d'origine.

J'ai aussi observé un cas de congestion du foie palustre de cinq jours de durée chez un tirailleur. L'affection se termina par une abondante sudation et une abondante diarrhée. Tous ces noirs ont été très sensibles à l'action de la quinine.

Grippe. — Ce n'est pas sans en avoir des preuves incontestables que je me suis décidé à porter ce diagnostic. Cette affection a très durement frappé la colonne. Elle est attribuable au froid violent que l'*harmattan* engendre la nuit. Dans la journée, nous avions 36 à 38 degrés de température, la nuit, 15 à 18 degrés. Une différence de 20 degrés suffit à produire un froid comparable à celui de l'hiver d'Europe. Nous grelottions nous-mêmes sous nos tentes et sous plusieurs couvertures. Les tirailleurs et les miliciens, vêtus de molleton et possédant des couvertures, ont été les moins atteints. Quant aux Djedjs et aux porteurs, ils ont payé un fort tribut à la maladie. L'affection débuta dans les premiers jours de novembre. Elle diminuait un peu vers la fin de février quand je quittai la colonne.

Je ne peux entrer dans le détail des 66 cas que j'ai observés.

Appartenant	à la 8e compagnie de tirailleurs sénégalais...	9
	à la compagnie de tirailleurs auxiliaires sénégalais..........................	10
	à la compagnie de tirailleurs auxiliaires haoussas..........................	2
	au peleton de Djedjs....................	8
	aux interprètes mulâtres................	2
	à un garde principal indigène de la milice...	1

Les 33 autres ont été observés chez les porteurs. Et encore, bien des gens ont échappé à mon observation, puisque je n'étais pas toujours au poste.

La grippe s'est présentée avec les caractères suivants :

Début brusque avec ou sans frisson à n'importe quelle heure de la journée. Dans deux cas, les malades, qui étaient à l'exercice à 7 heures du matin, sont tombés sur les rangs comme s'ils avaient été assommés; céphalée très violente et pénible dans tous les cas; épistaxis dans quelques observations; diarrhée dans beaucoup d'autres; coryza fort intense ressemblant à du *jettage;* larmoiement; courbature générale; fièvre violente et alors apparition dans presque tous les cas de complications pulmonaires très sérieuses : bronchites aiguës généralisées; broncho-pneumonies, qui sont les plus nombreuses; pneumonies massives le plus généralement, simulant au début la pleurésie avec épanchement, mais les craquements et les crachats hémoptoïques, au bout de quatre ou cinq jours, tranchaient la difficulté; pneumonies du sommet, surtout chez les porteurs débilités, fatigués et mal abrités du froid par de méchants gourbis. Une de ces pneumonies évolua chez un tirailleur de la 8e compagnie avec tous les signes d'une caverne pulmonaire. Quoique cet homme n'eût aucun signe de tuberculose pulmonaire, il persista un souffle bronchique assez longtemps, et je le renvoyai à la côte; enfin j'ai observé un cas absolument typique d'ictère catarrhal relevant de la même affection et deux cas de pleurésie.

Je n'ai perdu que six malades. L'un fut enlevé en quinze heures par une méningite cérébro-spinale; c'était un porteur. Un Djedj fut enlevé en six jours par une méningite cérébrale suppurée. Un interprète, garçon chétif et antécédents douteux, fut enlevé en quinze jours par une broncho-pneumonie dont rien ne put triompher. Les trois autres, porteurs, furent enlevés par broncho-pneumonies. Si, malgré la gravité de beaucoup de ces cas (pneumonies du sommet, pneumonies massives, broncho-pneumonies), j'ai perdu aussi peu de gens, cela tient au traitement par l'éther, l'acétate d'ammoniaque et surtout à la digitale que j'ai employée. On sait les remarquables résultats donnés par la digitale à Hirtz, de Strasbourg, et à son élève le professeur Picot, de Bordeaux, dont j'ai eu l'honneur d'être l'externe. J'ai vu dans ses salles, à l'hôpital Saint-André, les excellents effets de ce tonique du cœur, et je l'ai toujours employé depuis avec succès. Dans les cas de broncho-pneumonies où les bronches étaient trop encombrées, j'alternais le traitement par le tafia et la digitale avec une potion à l'ipéca qui favorisait l'expectoration, à la dose de 1 gramme pour 120 grammes d'eau. Les ventouses et l'emploi de la quinine dans cette affection qui n'avait rien de franc, puisqu'elle relevait de la grippe, m'ont beaucoup servi pour la guérison.

Dysenterie et affections dysentériformes. — La dysenterie existe dans le Haut-Dahomey, mais elle est loin d'être l'affection prédominante. Je n'hésite pas à dire que, la plupart du temps, on se trouve surtout en présence d'accidents dysentériformes produits par des colites ou des rectites. Tous les médecins ont observé la fréquence de la constipation dans les colonies; il n'est pas douteux que cet accident ne produise souvent des accidents simulant la dysenterie. Je prends pour preuve de ce que j'avance la facilité avec laquelle j'ai vu des noirs guérir sous l'influence de la potion sulfatée donnée pendant trois jours, et ces gens mangeaient quand même, pour la plupart.

Personnellement j'ai été éprouvé à quatre reprises, et la dernière fois d'une façon sérieuse pendant une quinzaine de jours par de la dysenterie survenue après les fatigues, l'ingestion d'eau de marigots et une forte débâcle biliaire.

Le cas le plus grave que j'ai vu est celui de M. P..., inspecteur de la garde civile, qui avait fait au Dahomey un premier séjour de quatre ans ininterrompus, et qui revenait dans ce pays pour la deuxième fois. A Djougou, il fut pris de diarrhée qu'il négligea pendant quinze jours. Je fus appelé le 6 octobre auprès de lui, venant de Kuandè. Je le trouvais avec des accidents aigus dysentériformes, que j'enrayai par la potion sulfatée. Ces accidents disparurent, mais une diarrhée verte et *chronique* persista jusqu'au 25 octobre.

En vain je lui conseillai de descendre, lui faisant remarquer qu'en face d'une *diarrhée ou d'une dysenterie chronique* le retour à la côte est la seule chance de salut; il s'entêta à rester dans un poste où il était fort difficile de se procurer du lait et des œufs. Obligé de suivre la colonne, j'appris que le résident de Djougou avait dû le faire descendre le 8 novembre, car il en était arrivé à vomir ce qu'il prenait.

Il mourut le 23 novembre, à Savalou, de *dysenterie gangréneuse.*

Je ne parlerai pas des *coliques* et de la *diarrhée simple*, affection banale et très fréquente. J'ai vu quelques *amygdalites;* la *tuberculose* est fort rare. L'*ostéo-périostite expulsive* est fréquente et s'amende bien sous l'influence des badigeonnages iodés des bords gingivaux, matin et soir, jusqu'à guérison complète. Quinquina à l'intérieur.

Ténia. — Le ténia est fréquent chez les Sénégalais et s'observe également chez les Européens qui font usage de viande de bœuf mal cuite. C'est le *ténia inerme* qu'on rencontre dans ces pays, où le porc n'existe pas. J'ai employé pour le traiter : 1° la pelletiérine de Tanret, suivie de l'ingestion d'eau-de-vie allemande; 2° le ténifuge Duhourcau, qui est un extrait chloroformé huileux de fougère mâle, dont je possédais deux flacons. Ces deux ténifuges ne m'ont pas réussi. Dans tous les cas, soit sept environ, la tête n'a pas été expulsée. Je mets cet accident plus sur le compte des malades que sur celui des médicaments. Cependant, je dois dire que le sergent-major de la compagnie qui prit de la pelletiérine, et qui comprenait fort bien ce qu'on lui demandait, resta de 10 heures du matin à 7 heures du soir sur un vase rempli d'eau tiède, sans parvenir à expulser complètement l'animal. Il avait repris encore 15 grammes d'eau-de-vie allemande vers 4 heures du soir.

Un mois après, je lui ai encore donné du ténifuge Duhourcau. Il le prit à 6 heures du matin et, vers 9 heures, rendit l'animal sur une longueur bien plus grande que la fois précédente, mais il ne rendit pas la tête.

AFFECTIONS VÉNÉRIENNES.

Blennorrhagie. — J'en ai à peine observé une dizaine de cas. Sept ont été pris à la côte, trois l'ont été à Djougou et à Parakoù, villes d'étrangers, où les mœurs sont très libres, avec des femmes haoussas. Quoique les occasions n'aient pas manqué aux tirailleurs, je ne les ai pas vus prendre d'affection blennorrhagique avec les femmes du Borgou et du Gourma. C'est avec les femmes haoussas, caravanières qui vont à la côte et qui se livrent facilement aux étrangers, que les derniers malades ont pris cette affection.

Syphilis. — En dehors de quelques diathèses anciennes n'ayant pas le Haut-Dahomey pour origine, je n'ai vu que deux cas de syphilis, l'un chez une femme haoussa (toujours), l'autre chez un milicien.

On peut donc dire que les affections vénériennes ne sont pas encore très répandues dans le Haut-Dahomey.

DE QUELQUES AFFECTIONS DES INDIGÈNES.

1° La lèpre à forme anesthésique et maculeuse, assez peu répandue dans les pays du Nord, et quelques cas de lèpre tuberculeuse.

2° Le Gourma est infesté par la conjonctivite granuleuse. Le nombre d'individus aveugles ou porteurs de taies de la cornée est considérable, et cela n'est pas étonnant avec le manque d'hygiène et la malpropreté des individus.

3° La variole sévit comme partout ailleurs, et particulièrement dans le pays de Djougou. Les indigènes emploient beaucoup le traitement par l'isolement du malade, bien entendu, et son *maintien dans l'obscurité.* Ce procédé semble se rapprocher beaucoup comme idée de la méthode suédoise de traitement de cette maladie par la *chambre rouge.*

4° La fréquence des cicatrices chéloïdales est considérable, et les indigènes l'attribuent à un vice du sang.

5° Le goître est fréquent dans la région de Caboly, Bédou, Bassila. On en voit d'assez nombreux cas dans le Gourma et des cas disséminés dans le Borgou. Fait curieux, pour dix femmes atteintes de goître, on voit à peine un homme présenter cette affection. Les indigènes n'expliquent pas pourquoi; de même ils n'attribuent à l'eau aucune influence sur la production de la maladie, car, m'ont-ils dit, si l'eau causait le goître, tout le monde serait goîtreux. Et puis, ajoutent-ils, c'est Dieu qui le veut.

Évidemment ils n'ont jamais cherché à en donner une explication quelconque.

6° J'ai vu très souvent des hygromas chroniques et volumineux des coudes, doubles la plupart du temps, tant chez les musulmans que chez les gens du pays. Cela tient peut-être au frottement des coudes sur le sol, car ces gens sont généralement étendus sur le sol sur des peaux de bête et se reposent plus ou moins nonchalamment sur les bras.

7° J'ai vu un volumineux prolapsus du rectum, de 0 m. 20 de longueur environ chez l'iman de Kirikri, homme superbe, que cette affection impuissante à guérir par des moyens médicaux minait moralement et physiquement.

8° Pour terminer, je dirai que la faiblesse génitale ou même l'impuissance chez des gens encore jeunes est très répandue. Les chefs m'ont fait très souvent demander des médicaments aphrodisiaques en grand mystère. Un homme influent de la cour du roi de Kayoma me disait que, dans le pays, on attribuait cela à ce fait de faire accroupir les enfants au-dessus d'un feu de bouse de vache, après qu'ils viennent d'être circoncis. Cette ridicule explication doit céder le pas aux abus probables que les gens de qualité, qui ont plusieurs femmes, selon la coutume musulmane, font du coït.

9° J'ai vu des cas remarquables d'albinisme et du *vitiligo en grand nombre.*

En terminant je citerai, à titre de curiosité, le préjugé en grand honneur dans le Borgou, qui attribue la fréquence des maladies d'yeux à l'usage du beurre de karité employé comme moyen d'éclairage.

Imprimerie Nationale. — Septembre 1898.

www.ingramcontent.com/pod-product-compliance
Ingram Content Group UK Ltd.
Pitfield, Milton Keynes, MK11 3LW, UK
UKHW022116190726
13855UKWH00003B/896

9 782013 040648